寝るまえ5分のパスカル

Un été avec Pascal

「パンセ」入門

アントワーヌ・コンパニョン 著／広田昌義・北原ルミ 訳

白水社

寝るまえ5分のパスカル　「パンセ」入門

Un été avec Pascal
d'Antoine Compagnon

This book is published in Japan by arrangement with Humensis
through le Bureau des Copyrights Français, Tokyo.

ブックデザイン・イラスト　mg-okada

著者まえがき

フランス・アンテル放送とエカテール出版の〈〜と過ごすひと夏〉シリーズ第一弾は、モンテーニュによって始まったのだから、[1] モンテーニュの最良の読者であった、この人物の番がいずれ回ってきて当然ではないか？　そう、パスカルこそは、モンテーニュをもっとも熱心に読んだ弟子でありながら、もっとも強固なライバルでもあった。プルーストの『失われた時を求めて』が『サント＝ブーヴに反駁する』のようなテクストから生まれ、[2] 小説内にそのテクストを潜ませているように、『パンセ』も、いわば『モンテーニュに反駁する』とでも言えるテクストから生まれた。「モンテーニュは間違っている」（ブ三二五／セ四五四）[3] と、パスカルは『パンセ』のなかで扱うほとんどすべてのテーマにおいて声高に主張している。「モンテーニュは自分について語りすぎる」（ブ六五／セ五三四）、「彼は自分の書物全体を通して、なげやりで無気力な態度で死ぬことしか考えていない」（ブ六三／セ五五九）、モンテーニュの欠点はいずれも「大きな」ものであり、とりわけ「自分を描こうという愚かな企て」（ブ六二／セ六四四）がそうだ。モンテーニュの存在は『パンセ』のなかのいたるところに透けて見えるが、それというのもモンテーニュこそ、パスカルが回心させようとする「完成された紳士《オネットム》」の手本にほかならなかったからだ。パスカルほどモンテーニュに対抗した思想家はいないとしても、『パンセ』は『エセー』なくしては着想されなかったかもしれない。フランス文学は、引き離しがたい作家同士の組み合わせの数々によって威光を放っているが、パスカルとモンテーニュは、そうした作家たちの一組《ペア》をなしているのである。

　パスカルについて語るということは、私たちの近代性の創始者、すなわち精神の自由の創始者たる、この驚異的な二人組の一方に挑むということになる。両者とも、なんら偏見に捉われず、ありとあらゆるテーマを論じている。人間、社会、世界、権力、信仰、不安、死、賭け……。パスカルはモンテーニュに反駁し、その懐疑主義と無気力を断罪するが、熟慮の末にモンテーニュと一致する場合もまたある。たとえば、両者の政治的な選択は似通っている。二人とも、社会変革を信用せず、無秩序を恐れる。穏健な保守主義が両者を近づけているのだ。

　私が数年前にモンテーニュを取り上げた際には、そのつど即興で話をしたものだった。放送内容を連続ドラマのように書いていた。自分が次にどこへ行くのか分からないまま、少しずつ録音を重ねていった。今度のパスカルでは、当シリーズも軌道に乗っていて、より厳密な構成を求められた。全部まとめて録音しなければならないとされた。たしかに、自由に飛んだり跳ねたりする進み方はモンテーニュ向きではある。しかしそうは言っても、ああした自由を失えば、放送内容がより教科書的になりかねないと私は案じていた。最終回がすでに書かれてしまっているなら、私は自分がどこへ向かっているかを知りつつ話すことになるからだ。

　ところが、事態はまったく違ったかたちをとることになった。はやる気持ちで私がパスカルにふたたび没頭しているさなか（私のパスカルとの付き合いは、四十年ほど前に大学で初めておこなった講義にさかのぼる）、私の大切な人の健康が救いようもないほど悪化したのだ。私はその人のそばで時間を過ごしつつ、『田舎の友への手紙《プロヴァンシアル》(4)』と『パンセ』をその枕頭で読み解き、メモを取り、書き散らした。その人は放送のはじめの数回分の原稿を読み、意見を述べ、私にいくつかの修正を提案した。しかし、録音は何度も延期せざるを得なかった。読む力がその人にはもう残っていなかったので、「終末の家」と通常呼ばれる場所で、私が続きをその人に読んで聞かせた。その人が熱意ある反応を最後に示した放送回は、「心には心の言い分がある」〔本書25章〕だったと思う。私たちは、パスカルにおける心の思考と、感情の役割を考える現代哲学とのあいだの類似性について議論し、私はすぐに自分の文章を書き直した。最期の日々においても、私はその人にまだ、「私とは何か？」〔本書32章〕や「村の女王たちと壁の飾り窓」〔本書33章〕を読んで聞かせたが、パスカルのいくつかの引用はその人の耳に入れたくなかったので、飛ばすことにした。

このように表現するのはあんまりかもしれないが、パスカルは私にとって——あるいは私たち二人にとってと言ってもよい——、よい気晴らしになったのだ。私は『パンセ』の次の断章をたえず自分に向かって唱えていた。私の心を、はなはだしく乱す断章だった。

自分の妻とひとり息子が死んだのですっかりうちひしがれ、大きないさかいによって頭を悩ましているこの男が、いま少しも悲しみを覚えておらず、耐えがたく不安なすべての考えを頭から追い払った様子でいるのはなぜなのか？　そのことに驚いてはならない。相手のサーブのボールを受けたところであり、そのボールを打ち返さねばならないのだ。(5)（ブ一四〇／セ四五三）

私が後を追って走っていたボール、そしてできる限りうまく打ち返そうと懸命になっていたボール、それこそが、この思考そのものだった。私はパスカルとの球戯《ゲーム》に興じ、その球戯が私に気晴らしをさせ、幾昼も幾晩も耐え続けるのを助けてくれた。

そのことを認めたからといって恥じはしない。ただ、パラドックスが一つ増えるだけだ。パラドックスは、パスカルの論法のなかでもけっして出し惜しみされない形式である。第一、それこそが、『パンセ』には人間的な深い真実と、恐ろしいほどの今日的意義があるという証拠なのだ。私と私の大切な人は、心と理性について、まさに息が尽きるまで語り合ったが、それは自分たちの目に現実を偽るためでも、真実を覆い隠すためでもなかった。パスカルの書くことすべてはあまりに挑発的であるから、死のみが、永遠の沈黙のみが、私たちをやっと黙らせる。

困難な諸状況のもとに収録がなされるには、番組ディレクターのアンヌ・ワンフェルと、女優のマリ＝ソフィ・フェルダヌの忍耐強さが必要だった。立て込んだスケジュールをどうにか調整していただいたことに御礼申し上げる。ローランス・ブロック、アンヌ＝ジュリー・ベモン、オリヴィエ・フレブールにも感謝している。私をあらためて信頼し、不確実なことに賭けて下さった。

三十五回分の放送がラジオで流されたが、私はモンテーニュの時と同じく、四十回分を書こうと決めていた。そして、最後になって、四十一回目をおまけとして書いた。それがどれにあたるか、見抜いていただけるだろうか。

（1）『寝るまえ5分のモンテーニュ「エセー」入門』（山上浩嗣・宮下志朗訳、白水社刊）の原題は *Un été avec Montaigne*（モンテーニュと過ごすひと夏）。毎日五分、四十回にわたったラジオ番組は書籍化され、二十三万部のベストセラーとなった。その後、プルースト（邦訳『プルーストと過ごす夏』國分俊宏訳、光文社刊)、ボードレール、ヴィクトル・ユゴー、ホメロス、マキャヴェリ、ヴァレリーと続き、シリーズ化した。このうち、アントワーヌ・コンパニョンが担当したのはモンテーニュ、ボードレール、そして本書パスカルの三作(プルーストは、コンパニョンを含む九名による共著)。

(2)プルーストは、サント＝ブーヴによる文芸批評の方法を批判する文章を一九〇九年に書き始めた(『サント＝ブーヴに反駁する』の題でまとめられ一九五四年に没後出版)。これが小説のかたちへ発展し、長編小説『失われた時を求めて』(一九一三―一九二七年)の誕生へつながった。

(3)『パンセ』の断章番号については、まず広く読まれてきたブランシュヴィック版(ブ)による番号を記し、そのあとに著者コンパニョンの使用したセリエ版(セ)による番号を記す。[例](ブ三二五/セ四五四)

(4)『田舎の友への手紙《プロヴァンシアル》』は、神学上の論争をめぐりイエズス会による迫害を受けていたジャンセニストたちを擁護するため、一六五六年から五七年にかけてパスカルが匿名で次々に発表した書簡体のテクストと、未完の断片をまとめたもの。正式なタイトルは『田舎の友への手紙《プロヴァンシアル》、あるいはルイ・ド・モンタルトより、その友のうちの田舎にあるひとりに宛て、およびイエズス会神父様方に宛てて書かれた、これら神父様方の道徳と政治についての手紙』(一六五七年)。

(5)現在のテニスの原型とされるポーム球戯(Paume)。ラケットなどを用い、室内で壁の所定の位置に球を打ち付け、その球を対戦者が打ち返し、競い合う。ルールは複数あり、屋外でなされるタイプのものもある。

目次

凡例

1．本書の原著において、パスカルの主著である『プロヴァンシアル（田舎の友への手紙）』『パンセ』およびこれに付随する書簡の一部からの引用は、フィリップ・セリエとジェラール・フェレロルの編集による次の版に従っている。Pascal, *Les Provinciales, Pensées, et opuscules divers*, éd. Philippe Sellier et Gérard Ferreyrolles, Paris, Librairie générale française, coll. « La Pochothèque », 2004.

2．本書の原著において、『パンセ』からの引用には右記のセリエ版の断章番号が付され、続いてラフュマ版の断章番号が付されているが、この邦訳版では、これまで多くの既訳において広く親しまれてきたブランシュヴィック版（ブ）の断章番号をまず付し、続いて著者コンパニョンが使用したセリエ版（セ）の断章番号を付した。［例］（ブ三二五／セ四五四）

3．本書の原著において、『プロヴァンシアル』と『パンセ』以外のほぼすべてのテクストは、ジャン・メナールの編集によるパスカル全集 *Œuvres complètes*, éd. Jean Mesnard, Paris, Desclée de Brouwer, coll. « Bibliothèque européenne », 4 volumes parus, 1964 (1991), 1970 (1991), 1991, 1992 (I, II, III et IV) に拠る。現在四巻まで刊行されているこの全集は、収録テクストを厳選した上で、日本語版編集『メナール版パスカル全集』第一巻「生涯の軌跡1　1623-1655」・第二巻「生涯の軌跡2　1655-1662」（赤木昭三・支倉崇晴・広田昌義・塩川徹也編、白水社、一九九三－一九九四年）として翻訳刊行されている。なお、本書のなかの引用については、全体の統一感を考慮し、とくに断りのないかぎり訳者が新たに訳出した。ただし、『プロヴァンシアル』『パンセ』以外のテクストについては、引用箇所に対応する『メナール版パスカル全集』の該当ページも注に記した。

4．訳者による注は、本文中〔　〕内に二段で挿入し、解説的な長めのものは本文中に（1）（2）（3）……と番号を振って巻末にまとめて記した。

1 「あの恐るべき天才」

エリック・ロメール監督の〈教訓物語〉シリーズ中の一作『モード家の一夜』は、クレルモン＝フェランを舞台にしている。作中では、クレルモン生まれのパスカルが大きく取り上げられる。今から五十年前、一九六九年に撮影されたこの映画の冒頭、ジャン＝ルイ・トランティニャンは、欲望に心乱れるカトリックの若い技師として、書店でパスカル全集をめくっている。その後、モードという若い女性の傍らで一夜を過ごすことになるが、このモードの家で、『パンセ』の著者についての会話が交わされるのだ。モードがパスカルについて知っていることを二つ、三つ挙げるとき、それは人が学校を卒業してずっと経ってから思い出す類のものである。引用されるのは、考える葦[1]（ブ三四八／セ一四五）と二つの無限[2]（ブ七二／セ二三〇）。もしこれに加えるならば、賭け[3]（ブ二三三／セ六八〇）、クレオパトラの鼻[4]（ブ一六二／セ三二、ブ一六三／セ七九）、クロムウェルの尿管[5]（ブ一七六／セ六二二）、あるいは村の女王たち[6]（ブ三三、三四／セ四八六）もありえただろう。『パンセ』には、数多くの忘れがたい名言やイメージが含まれている。パスカルは、フランス語にもっとも熟達した偉大な文人の一人であったが、その前に比類なき数学者にして物理学者であり、なおまた並外れた哲学者にして神学者でもあった。

『キリスト教精髄』におけるシャトーブリアンほど、パスカルが私たちに呼び覚ます賛美の念や、そのもととなる伝説を巧みに表現した者はいない。「このような人間がいたのだ。十二歳で〈棒〉と〈まる〉を用いて数学理論を考え出し、十六歳で円錐曲線について古代以降の世におけるもっとも博識な試論を書きあげ、十九歳で自分の頭にのみ存在する技術によって計算機械を考案、二十三歳で空気の重さの諸現象を証明し、かつての自然学の大きな間違いのうちの一つ〔自然が真空を嫌悪するという真空論〕を打ち砕いた。他の人々がようやく目覚め始める年ごろには、すでに人文科学の領域をめぐり終えてしまい、その虚無に気が付くと、宗教の方へ思考を転回させた。その瞬間から、三十九歳で訪れる死の瞬間まで、つねに病をかかえ苦しみながら、確立した文体はボシュエやラシーヌがまねることになり、この上なく見事なからかい表現の手本ばかりか、この上なく強固な論証の手本も示したのである。ついには、病苦に襲われる合間を縫って幾何学の最高難度の問題〔サイクロイド（円が直線上を滑らずに転がるときの、円周上の定点の軌跡）の問題〕を抽象化によって解決し、紙面には人間についてと同じだけ神についての考えを書きつけた。この恐るべき天才の名は、ブレーズ・パスカルといった」

シャトーブリアンはパスカルに、ロマン主義的英雄、プロメテウス的巨人の姿を見ている。パスカルを、『パンセ』に登場する対抗者ないし対話者の自由思想家《リベルタン》、すなわち無神論者ないし宗教に無関心な人間と混同しているのだ。実際には、その相手とは、パスカルが、存在条件への不安をかきたてることで回心へ向かわせようとしている相手なのだが。パスカルは自由思想家などではなく、宗教的確信を持っている——あるいは確信を装っている、なぜなら信仰に迷いはつきものだから——、それにもかかわらず、近代人である私たちは、自由思想家の存在論的不安こそがパスカル自身の不安であると考え、自分たちをパスカルに重ね合わせてしまう。だからこそ、賭けの論法があれほど心を打つのであるし、気晴らしや、結果の理由、背後の思考、繊細の精神といった、神なき人間を描き出すいくつかの忘れがたい概念にもまた、感動させられるのである。はっとするような名句が多々、フランス人の脳には刻まれている。「この無限の諸空間の永遠の沈黙が私を恐怖させる」（ブ二〇六／セ二三三）、「天使のふるまいをしようとすれば、獣のふるまいをすることになる」（ブ三五八／セ五五七）、「心には心の言い分《レゾン》があるが、理性《レゾン》はそれらをまったく知らない」（ブ二七七／セ六八〇）

パスカルは私たちにとって、科学と信仰とのあいだで迷っている人間、隠れた神ゆえの悲惨や、人間の条件が引き起こす不安に支配されている人間を体現しており、『パンセ』が、「キリスト教の擁護」の基本原理を提示していること——たとえパスカルがけっしてその語を用いないにしても——を私たちは見過ごしているのである。

プルーストの『失われた時を求めて』のなかでは、スワンが常識を転倒させてパスカルへの称賛を表明している。「私が新聞に批判的なのは、毎日、くだらないことにわれわれの注意を向けるからで、それにひきかえ生涯せいぜい三、四度しか読まない本には、大事なことが詰まっています。われわれは毎朝、熱にうかされたように新聞の帯封《おびふう》を切っているのですから、それなら現状を変えるべきで、むしろ新聞に載せるべきは、どれがいいかわかりませんが……パスカルの『パンセ』はどうでしょう［…］そして、十年に一度しか開かないような天金の本では、［…］ギリシャ王妃がカンヌにいらしたとか、レオン大公妃が仮装舞踏会を催されたとか、そんなことを読めばいいのではないでしょうか。そうすれば正当な釣り合いがとれるというものです(7)」

『パンセ』はフランス文学の傑作であるが、そもそもは、病気と死によって執筆が中断された論文のための、雑然とした断章の集まりなのである。もしパスカルが完成させていたならば、はたして作品は私たちをこれほど惹きつけただろうか。論説文となりはて、もはや火矢《ひや》が閃光を放って次々飛んでくるような形式を取らなくなってしまったとすれば。

2 「靴のかかと」

『パンセ』には省略的な書き方をした断章がひしめいていて、そのとっぴさに私たちの読む手はふと止まってしまう。たとえば次のような断章だ。「オウムのくちばし。清潔なのにオウムは拭《ぬぐ》う」（ブ三四三／セ一三九）。そして考えてみて、これは機械的動作についての指摘であり、デカルトが着想した動物機械のことなのだと分かる。もしオウムに十分な精神があってよく考えられるなら、すでにきれいになっているくちばしを拭い続けたりしないはず、というわけだ。ところで、人によっては、というより私たちは誰しもが、動物や機械、自動ロボットのように行動している。たとえば、おしゃべりな人。

すべてを話した後になお、十五分も話し続ける先生。それほど話したくてたまらないのだ。（ブ一二／セ四八三）

機械的動作はパスカルにとって、人間の悲惨を示すあかしなのである。

『パンセ』に見られる、この種の謎めいた断章のまた別の例を挙げよう。

靴のかかと。／なんと丁度よい角度でつけられているのだろう！　まったく腕のよい職人だ！　なんとこの兵士は勇敢なことか！　こうした言葉から、われわれは何かを好んだり、職業を選んだりするのである。この人はなんと飲みっぷりがよいのだろう！　この人はなんとお酒を控えていることか！　こう言われて、人々は節酒をしたり酒飲みになったり、兵士になったり臆病者になったり等々する。

（ブ一一七／セ六九）

「靴のかかと」。『パンセ』に度々現れるこのモチーフは、久しく私につきまとっている。もし私が回想録を書くのなら、タイトルを『靴のかかと』としてみたい、というほどこのイメージは、私に強烈な印象を与える。

この断章は、私たちのふるまいが理屈に合わないこと、もっとも重要な決断を気ままに、軽々しく下してしまうことを、分かりやすく表している。私たちはものごとを偶然に任せていて、その場の思いつきや些細なできごとにもとづいて人生における大事な選択をおこなっている。人は職業を決めるとき、心の底からの使命感によるのではなく、人からの評判とか、お世辞をもらえるとかいった、どうでもいいような、浅はかで、虚しい理由に動かされる。「丁度よい角度でつけられているかかと」、この取るに足らないディテールは、私たちの虚栄心をあざけるように見せつける。得意な気持ちになれば、旧体制下のもっとも卑賤な職業の一つ、靴直しという職に人が身を捧げることもありうるのである。

パスカルは好んでこの主題に戻ってくる。

職業。／名声という誘惑はとても大きいので、人は、名声の結び付けられている対象が何であれ、たとえそれが死であっても、愛するのである。（ブ一五七／セ七二）

これこそが、英雄的な死という名誉に愚かにも惹きつけられた軍人たちの運命《ヴォカシオン》である。この断章は、「靴のかかと」の断章と同じく、『パンセ』の「虚栄心」の綴り《リアス》〔パスカルの死後発見された草稿の束（リアス）。表題付の二十七を含め六十ほどに綴じてあった〕のなかに置かれている。パスカルは一六五八年に大量の断章を整理した。自分の「護教論」を二十七の綴り《リアス》に分けておおよその配置を決めた。初めの十の綴り《リアス》では、人間論あるいは人間の条件の描写を展開し、続く十七の綴り《リアス》では、神学あるいは神に向かう歩みの素描を展開した。「第一部。神なき人間の悲惨。／第二部。神とともにある人間の至福」あるいはまた「第一部。人間の本性が腐敗していることを、本性自体によって。／第二部。腐敗を癒す御方が存在することを、聖書によって」（ブ六〇／セ四〇）。人間についての第一章は、聖書にある大きなテーマの「虚栄心」に割かれていたと思われる。「なんという空しさ／なんという空しさ、すべては空しい」という「伝道の書」[1]の最初の言葉に従って、空しさを、この世と人々の虚無を暴くものであった。

ところで、パスカルにとって職業の選択は、人間の虚栄心を示すのにもっとも適した例の一つである。

職業。／［…］人間の本性のうちには、どれだけ多くの本性があることか！　なんと多くの職業に、それもまったくの偶然によって就くことか！　誰もが通常、ほめてもらったことのあるものを選ぶ。丁度よい角度でつけられた靴のかかと。（ブ一一六／セ一六二）

私たちは世間体に応じて決心をする。しかし、数学者あるいは物理学者、詩人あるいは神学者の職業が、虚栄心の法則から逃れているとは思わないようにしよう。パスカルは、自分の科学の仕事にも、名声を追い求める気持ちがないわけではないと分かっていた。イエズス会士たちに対する攻撃文書である『田舎の友への手紙《プロヴァンシアル》』という「小さな書簡」についてさえも。これらの文書が社交界で評判を博したことに、パスカルも悪い気はしなかった。ここで私たちは矛盾に陥る。名声をめざして行動しないのなら、今度は無為や怠惰に流されることになる。

名誉。／称賛の言葉は子どものうちからすべてをだめにしてしまう。ああ、なんと上手に言えたものだ、ああ、なんとこの子の手際はよいのだろう、この子はなんとおとなしくしていることか、など。（『靴のかかと』）。ポール・ロワイヤルで学ぶ子どもたちは、他人を羨んだり自分を誇ったりするこうした刺激を受けないので、評価を気にしなくなってしまう。（ブ一五一／セ九七）

ある欠点（高慢さ、名誉の追求）を避けることで、人は真逆の欠点（不精、無気力）に陥ってしまう。パスカルは、ポール・ロワイヤルの「小さな学校[2]」の子どもたちに、その例を見ている。子どもたちは、謙譲の美徳を教えこまれて、何かを強く求める気持ちに欠けていた。人は自分の力だけでは、中庸にたどり着くことはできない。

3 自己愛 *Amor Sui*

自分への愛、あるいは自己愛は、古典主義時代の人間研究家《モラリスト》たちの大きな関心事だった——なぜなら、自己愛の情熱は、身を焼く激しさで知られ、神の恩寵を失った人間には抗しがたいものとされていたからだ。アダムの過ち以来、原罪の結果として、神の不在が人間の心のなかに果てしない空虚を生み出し、その空虚は有限の事物では到底埋められないものとなった。自己愛が、神への愛と、神を通しての隣人への愛、すなわち愛徳《シャリテ》に取って代わった。「わたしがあなたがたを愛したように、あなたがたも互いに愛し合いなさい」と、聖ヨハネの福音書のなかでキリストが命じたのだった（ヨハネによる福音書、十三章三十四節）。しかしながら、愛徳《シャリテ》の務めを果たすのは難しい。この世を導くのは自己愛であり、被造物への愛であって、隣人への愛ではない。

『パンセ』において自己愛の問題はいたるところに見られる。「自己愛と、そして人間のこの自我の本性は、自分しか愛せず、自分のことしか考えられないことにある」（ブ一〇〇／セ七四三）。人間は、エゴイスムにとらわれながら、「自分の愛するその対象が欠陥と悲惨に満ちているということ」を無視できはしない。すべては、神の恩寵を失ったみずからの状態に人間を立ち返らせる。

偉大でありたいのに、卑小な自分を見出す。幸せでありたいのに、惨めな自分を見出す。完璧でありたいのに、欠点だらけの自分を見出す。人々から愛され尊敬されたいのに、自分の諸々の短所のせいで嫌われ軽蔑されるのが当然であると分かる。（同上）

しかし、こうしたありさまは、当人に自分の状態を認めさせるどころか、「自分の想像しうる限りもっとも不当でもっとも罪深い情念」を呼び起こすので、「人は自分を責めるこの真実、自分の短所を否応なく認めさせるこの真実に対し、死ぬほどの憎しみを抱く」。

自己愛は、パスカルが邪欲《コンキュピサンス》とも呼ぶとおり、愛徳《シャリテ》の逆である。それは被造物への愛であって、もはや神への愛に属すものではなくなっている。パスカルは、聖アウグスティヌスに従うが、聖アウグスティヌスにとって、自己愛は、欲するという意味での愛する意志なのであり、その意志は、対象に磁石で吸い付けられるように引き寄せられる。神に引かれるならば愛徳となり、被造物に引かれるならば邪欲となる。愛は魂を動かし、力と命を与える。魂を「本来の場所」に導くのだ。「私の重みをなすもの、それは私の愛である」、と聖アウグスティヌスは『告白』（第十三巻九章）で述べていた。アウグスティヌスが「二種類の愛」について語っているとしても、実際には彼にとって愛は一つしか存在しない。というのは、愛徳と邪欲は、対象によってしか区別されないからである（対象が神なのか、あるいは被造物なのか）。

父の死後、一六五一年に、パスカルは姉のジルベルトと義兄のフロラン・ペリエ宛にすばらしい慰めの手紙を書いた。自己愛の定義として、パスカルの作品中にこれを越えるものは見当たらない。

死を厭《いと》う気持ちをもっとしっかり抑えるには、死を厭う気持ちの起源を理解しなければなりません。ごく簡単に触れたいのですが、あらゆる悪徳とあらゆる罪の源が一般的にどのようなものであるかというところからお話ししなければなりません。［…］この神秘を明かす真実とは、神が人間を、神への愛と、自分自身への愛という二種類の愛を持つように創造されたということです［…］。この状態にある人間は、自分を愛することが罪にならなかっただけでなく、罪のない自分を愛さずにいることもできませんでした。その後、原罪を犯した人間はこれらの愛のうちの一つ目、神への愛を失いました。そして自分自身への愛だけが残り［…］、この自己愛が拡がっていき、神への愛が去ったあとの空虚にあふれかえったのです［…］。これこそが自己愛の起源です。自己愛はアダムにとっては自然であり、しかも無垢の状態においては正当なものでありました。しかし、原罪が入り込んでのち、自己愛は罪深く度を越したものになってしまったのです[1]。（「パスカルからフロラン・ペリエへの手紙　一六五一年十月十七日」）

堕罪以前、人間は無垢なまま二種類の愛を知っていたが、堕罪以降、人間は邪欲に支配され、神への愛から切り離され、まるごと被造物への愛へ、〈自己愛《アモル・スイー》〉へ身をゆだねてしまった[2]（『恩寵文書』）。それでも、すべてが失われたわけではない。聖アウグスティヌスは次のようにも述べていた。神の恩寵を失った人間であっても、〈神ヲ知リウル *capax Dei*〉（『三位一体論』第十四巻、八章十一節）、真理への道をふたたび見出しうる、と。プロテスタントの宗教改革を受け、トレント公会議があらためて明言したのは、人間には神の恩寵と協働する力が備わっており、原罪は人間から神の似姿を完全には消し去らなかったということだった。

パスカルは、はじめに人間を謙虚にさせ、自己愛をくじこうとするが、次いでどのようにしてその状態を脱するのかを指し示す。まず、キリスト教が「人間を知りつくしているがゆえに敬われるべき」であること、すなわち、自己愛が人間に隠しているこの悲惨をパスカルは見せつけておいて、それからキリスト教が「本当の善を約束してくれるがゆえに愛すべき」（ブ一八七／セ四六）ものであることを示すのである。それはとりもなおさず、人間の自己愛を少々満足させることになる。

人間は、ここで自分の価値を認めればよい。自分を愛すればよい。なぜならば、人間には善をなしうる性質があるからだ。しかし、そうかといって自分のうちにある低俗さまで愛さないでほしい。自分を軽蔑してもらいたい。なぜなら、善をなす能力の内実は空しいからである。かといってその本性的な能力を軽蔑しないでほしい。自分を憎め、自分を愛せ。人間のうちには、真理を知り、幸福になる能力がある。（ブ四二三／セ一五二）

これこそが、相反するものの一致という、パスカルの思考《パンセ》にとって根本的な考えを示す第一級の例といえる。

4 「誤謬と偽りの女主人」

『パンセ』を下書きとした「キリスト教の擁護」は、無神論者の精神療法に役立つはずであった。パスカルは、無神論者が抱える病苦を取り除いてやり、自己について思い違いをさせる幻想、盲目状態にほかならない自己愛という病を治療したかったのだ。パスカルは、痛みには痛みをもって治療するはずだった。患者を揺さぶり、辱め、辛く当たり、自分の本性を見せつけることによって。

相手が思い上がるなら、私はおとしめよう／自己卑下するなら、ほめそやそう／そうやっていつも相手に反対しよう／自分が理解不能な怪物であると／相手が理解するまでは。（ブ四二〇／セ一六三）

あるいは、こうも言う。

だから、思い上がった者よ、きみがきみ自身に対していかなる逆説であるかを知りたまえ。へりくだれ、無能力な理性よ！　だまれ、愚かな本性よ！（ブ四三四／セ一六四）

意図されていたのは、相手のナルシシズムを打ち砕くこと、自分に対する自信をなきものとすることだった。

ところで、人に自分の惨めさを見せないようにするあの虚栄心をもっとも効果的に助けるのは、その人の想像力である。パスカルはこの想像力を「誤謬と偽りの女主人」[1]と評してはばからない。

> [……]想像力の特質は、もっとも小さなものを生むときと同じく手間も時間もほとんどかけずに、もっとも大きなものを生み出すということです。[2]

と、早くも一六四七年に、パスカルはノエル神父にあててこのように書いていた。ノエル神父とは、自然による真空嫌悪説をめぐって論争中の学者である。

か弱く無力な、神なき人間のこの惨めさと虚栄心を分かりやすく説明するため、「虚栄心」の綴り《リアス》に入れられた一つの長い断章が、想像力について記述している。プラトン主義の伝統では、想像力は謬見に左右されるものとして、人間の諸能力の中でもっとも低い位置に置かれていた。

> 理性の敵であるこの壮麗な能力は、好んで理性を操縦し理性を支配し、あらゆることにおいていかに多くをなしうるかを見せつけて、人間のうちに第二の本性を確立したのである。想像力によって幸せになる者もいれば不幸になる者もおり、健全さを保つ者も病んでしまう者も、豊かになる者も貧しくなる者もいる。想像力は理性に信じさせ、疑わせ、否定させる。想像力は感覚をなくさせもし、感覚

を取り戻させもする。想像力によって愚かになる者も賢くなる者もいる。そして、想像力が理性よりもはるかに充実して全面的な満足感を人に与える、そのさまを見ることほど私たちを苛立たせることはない。(ブ八二/セ七八)

想像力は不均衡を生み出す。小さいものを大きくし、またその逆をおこなう。

想像力は、ささいな対象をわけもなく大きく見なすことによって、われわれの魂がそれでいっぱいになるほどに拡大してしまう。そしてひとりよがりの思い上がりによって想像力は、偉大なるものを自分の尺度にまで矮小化してしまう、たとえば神について語るときのように。(ブ八四/セ四六一)

想像力に対する闘いを、パスカルは科学者として始めたのだった。それは、真空の存在を証明し、アリストテレス以来「自然は真空を嫌う」と思い込んでいた自然学者たちの幻想的諸説を論駁することであった。「自然は真空に対していかなる嫌悪も抱いていない」とパスカルは、一六四八年、『流体の平衡についての大実験の話』の「読者へ」のなかで書いている。

自然は真空を避ける努力など一切払わない。〔…〕自然による真空嫌悪の現象と考えられたものは、大気の重さと圧力に由来するのである。〔…〕それこそが唯一の真の原因なのであって、〔…〕それが分からないために、人々はわざわざ自然による真空嫌悪などという架空の原因をでっち上げて説明をつけようとしたのである。(3)

パスカルにとって、真空は、ガラス管のなかで観察しうる一事象であり、空気の重量によって、気圧によって平衡状態になる水銀の柱の上に存在するものだった。パスカルは臆することなくデカルトに真っ向から対立する。

［…］人々が無能にして実際の原因を突き止められなかったので、代わりに架空の原因を抜け目なく設定し、聞こえはよくても知性には響かない特殊な名前で表したのだ。そのようなわけで、自然物体同士の共感や反発こそがあまたの現象を動かす明白な原因であるなどと言ったりする。あたかも、生命のない物体がたがいに共感や反発をおぼえうるかのように。（同上）

後に、キリスト教の擁護者となってからも、パスカルは少しも科学をなおざりにはしない。とはいえ、理性を働かせず想像力に欺かれる人間の虚栄心に対するパスカルの戦いは、真空についての研究の際に始まったのだ。しかしながら、パスカルならではの例によって、「相反する真理」（ブ五六七／セ四七九）なるものが存在し、想像力は、後に『パンセ』で見るように、政治秩序の確立においては摂理に従った役割を果たすのである。

5 「パスカル氏の生涯」

パスカルの没後ほどなくして、姉のジルベルト・ペリエは『パスカル氏の生涯』という文章を執筆し、『パンセ』刊行の序文にあてようとした。この伝記は、一六七〇年と一六七八年に出版されたポール・ロワイヤルの編纂による初期の版には掲載されず、一六八六年の版によってはじめて日の目を見た。これは、パスカルという天才的頭脳の持ち主を聖人のように描いた伝記である。「私の弟は、人々に話かけられる年齢になるや、まったく並外れた知性のしるしの数々を見せました。当意即妙の答えを実に適切に返すばかりか、さらには事物の性質についてたびたび質問を放ち、みなを驚かせたものでした」(1)(『パスカル氏の生涯』第一稿)

ブレーズ・パスカルは、三歳年上の姉ジルベルトや二歳年下の妹ジャクリーヌと同様、学校には一度も通わなかった。一六二六年、ブレーズが三歳のときに母親が亡くなると、法律家で数学者であった父親が職務から身を引き、子どもたちの教育に携わった。父は一六三一年には早くもクレルモンを離れ、パリに居を構えて最良の学者たちと交際し、幼い息子を紹介した。

家族の伝えるところでは、パスカルは、父より古典言語の手ほどきしかされていなかった年齢の頃、たった一人でユークリッド幾何学を三十二番目の命題――三角形の内角の和は二直角であるという命題――にいたるまで再考案してしまったという。おそらくは、父の持っている幾何学の概論を隠れて読んだというほうがありえそうだが、父は息子の天才ぶりを目の当たりにして感嘆したのだった。

かくも順調な道のりにおいて、奇跡は止まなかった。ジルベルトが続けるには、「十六歳のとき、弟は知性による傑作とされる円錐曲線論を書きましたが、アルキメデス以来これほどのレベルのものは見られなかったと言われたものでした」[2]。一六四〇年、パスカルが初めて出版した論文だった。

「この時期ずっと、弟はラテン語を学び続けており、ギリシア語もまた学んでいました。そしてさらに、食事中と食後に、父が、あるときは論理学、別のときには自然学や哲学のほかの諸分野について弟に話していました。弟が学んだのはそれがすべてで、高等教育機関には一度も身を置いたことがありませんし、これらの学問についても残りの学問についてと同じく、特に先生はいなかったのです」[3]

のちに、パスカルがジャンセニスト論争[4]に身を投じたとき、ソルボンヌの学者たちはパスカルには独学者としての知識しかないと非難した。「パスカル氏は、聖書について、他の人たちから教わったことしか知らなかった。[…]ラテン語をほとんど知らなかった。学識者とは言えず、才人でしかなかった」。このような誹謗はあたらなかった。パスカルは神学を実によく理解していたのだから。

ジルベルトは、弟の健康が思わしくなく、ほとんど生涯を通じて普段から苦痛に苛まれていたことに触れている。この短い人生において目を奪うのは、パスカルが好奇心の対象を移していく速さである。同時代の学者たちに対して挑戦を投げかけ、それに決着がつくや、すぐに次へと移っていった。

あいかわらず家族の伝によるのだが、パスカルの人生において三つの時期が次々に、しだいにテンポを速めるように訪れたという。科学者としての第一の時期が、青年期の一六四〇年から一六五一年にあたる。社交人としての第二の時期は一六四八年から一六五四年まで続き、最後に宗教者としての時期が三十歳を越してから、一六五四年十一月の「火の夜」[6]以降、三十九歳で亡くなるまで続いた。

しかし、これらの時期はたがいに重なり合っている。パスカルは、一六四二年から一六四九年までのあいだ、のちの計算機の原型となる算術機械を改良し続けた一方で、科学に対してのみならず社交界に向けても才気をふるい、ジルベルトによれば、「生まれてからずっと社交界で育てられたかのように、魅力あふれる社交人としての態度や物腰[7]」を身につけていた（第二稿）。妹のジャクリーヌが一六五一年の父の死後ほどなくしてポール・ロワイヤル修道院に入ると、パスカルは、一旦は妹から遠ざかったものの、一六五三年に交流を再開した。この宗教者としての時期のただなかにあって、一六五八年の『プロヴァンシアル』の刊行後、ヨーロッパの学者たちに向けて、サイクロイドの諸問題についての挑戦を放ったのだった[8]。

ジルベルトが、パスカルは二十三歳で真空実験のあとに科学を放棄したとするのも、言い過ぎである。「この仕事は、弟が世俗的学問に専念した最後のものとなりました[9]」（第一稿）。いや違う、パスカルはまだこの後にも確率論を考案した、というか、のちに確率論となる理論を一六五四年の『数三角形論』において「偶然の幾何学」と名付けて示したのだった[10]。

ジャクリーヌが一六五五年一月の手紙でジルベルトに打ち明けたように、パスカルが、一六五三年の終わりに「社交界の狂騒や楽しみごとに対する極端なほどの激しい嫌悪」を覚え始めたとしても[11]、そのような敬虔な気持ちは、実業家としての活動を友人のロアネーズ伯とともに続けていく妨げにはなっていない。ポワトゥー地方の沼沢の灌漑や、あるいは一六六二年には五ソルの料金で乗り合い馬車を走らせるという、パリの公共交通機関の初の試みとして高い収益性の見込まれる事業に着手しているのである。[12]

なおもジルベルトによれば、「弟は、他人に愛執を抱くことがまったくなかっただけでなく、他人が自分に対して愛執を抱くことも望んでいませんでした」[13]。知性の高すぎる子どもであり、永遠の青年、あるいは〈老成シタ少年〉であるパスカルは、しかしながら、家族の結束からはけっして離れることなく、妹のジャクリーヌこそが、おそらく最愛の人であった。

6
「この世の女王[1]」

さて今回も、『パンセ』のなかの謎めいた断章、「彼には四人の従僕がいる」（ブ三一八／セ五三）から始めよう。パスカルは、後で思い出すため自分用に書き留めている。四人の従僕とは、「虚栄心」の一例だ。身分の高い人間である自分の地位を見せつけ、召使の存在を通して民衆に畏敬の念を抱かせようとするときの、あの名誉欲あるいは見栄の例証にほかならない。

しかし、同じ例がまた別の箇所で、「結果の理由《ラ・レゾン・デ・ゼフェ》」と題された綴り《リアス》のなかにも表れる。この「結果の理由」は、『パンセ』において、パスカルがもっとも緻密に練り上げた概念の一つである。私たちには一見、わざとらしく、軽薄で、ばかげているように見える慣習、たとえば、パリの街路を四人の従僕を連れて散歩し、供回りをひけらかすといったような慣習は、よくよく考えてみると、理由のないわけではないある結果、目的を備えた結果であって、理由と目的とによって正当性を与えられているのである。パスカルは、巧みな雄弁家として、「結果の理由」をあらわにするため、つねに鏡を突き抜けようとする。

これは驚くべき話だ。錦の衣服を着込んでいて七、八人の従僕を従えている人物に、私が頭を下げる必要はないという。何だって、もし彼に敬礼をしなければ、彼は私を革帯で打たせるではないか。あの服装、それは一つの力なのだ。(ブ三一五/セ一二三)

パスカルは、まず、原因と結果のあいだにある不均衡、あるいはギャップ、〈無理ナ推論《ノン・セクイトゥル》〉を指摘する。この人物は従僕に取り巻かれている、ゆえに私はその人物に敬礼をし、深々とおじぎをするが、一見、理由もなく私はそのようにするのだ。いや違う。実際には、従僕たちは無意味なのではなく、無視できない何かを意味している。彼らは力を顕示しているのであり、その力は敬意を強制する。つまり、私が敬礼をしなければ、私は鞭を浴びることになるであろう。

このように、パスカルは目を引く例を通して一連の考察に入っていくが、それは今日もなお挑発的な、正義と力の関係についての考察である。というのは、正義は力に屈するからだ。理想的には強くあるべきなのは義人だが、現実に正しいとみなされるのが強者であり、四人、あるいは七、八人の従僕を引き連れるといったやりかたで自分を正しいと認めさせるのである。強者が義人に取って代わり、正義が力によって簒奪されるという現実は、はじめはこの世の「悲惨」と人々の「虚栄心」の一つの兆候として紹介される。しかし、「結果の理由」を見出すことによって、パスカルが「漸進法」あるいは「背後の思考」と呼ぶことになる弁証法的段階が導かれ、はじめに常軌を逸していることがらとして提示されていたものが、考え直して、より近くから見つめると、必然であることが明らかになる。一段高いレベル、あるいはより深いレベルに、すぐには理解しがたくとも移ってみることによって、妥当であると確認される。義人が強者になりえないなら、強者が義人となるか、あるいは義人とみなされねばならない。社会が維持されるためである。権力が正義よりも力を重んじて是とされるのは、権力が政治的社会的秩序を安定させるがゆえなのである。

正しい者に従うのが、正義だ。もっとも強い者に従うのは、必然だ。／力なき正義は無力である。正義なき力は圧制である。／力のない正義は反対にあう。いつの世にも悪人はいるのだから。正義のない力は非難される。だから、正義と力とを一致させねばならない。そして、そのためには正しい者が力をもつか、力ある者を正しい者とするかのどちらかである。／正義は議論の対象になりやすい。力は非常に明白で議論の余地はない。それゆえ、人々は正義に力を与えることはできなかった。力は正義に反対しておまえは正しくないと言い、そして正しいのは自分だと言ったからだ。／こうして正しい者に力を与えることができなかったので、人は力がある者を正しいとしたのである。（ブ二九八／セ一三五）

パスカルの全政治思想がここに要約される。既存の体制を正当化するものは何もないが、体制の変化を正当化するものも何もない。変化は内戦を引き起こす恐れがあるからだ。権力は正当性を備えているが、それは正当だからではなく、既存であるからというにすぎない。

正義に力を与えることができないので、人々は力に正義を与えた。それは正しい者と力ある者が一致して、平和が成立するためである。平和は最高善なのだ。（ブ二九九／セ一一六）

こうした政治哲学は、私たちには保守的で冷笑的と映りかねないが、パスカルは、父や姉妹たちとともに、フロンドの乱[2]が公共の秩序を乱したあいだ、命の危険に怯えたのである。一六四九年五月から一六五〇年十一月まで、エチエンヌ・パスカルと、ブレーズ、ジャクリーヌはパリを離れ、クレルモンへ避難する。『パンセ』において、パスカルは明白に「フロンドの乱の不当さ。自称正義を力に対して振りかざしている」（ブ八七八／セ二九）と糾弾している。ポール・ロワイヤルに近づきながらも、パスカルは一度たりとも、王権や絶対王政に対して敵意を見せはしないだろう[3]。別のところでも書いている。「フロンドする〔投石によって社会をゆるがす〕方法」は「確立された習慣をゆさぶる」ものであり、「すべてを失うことが確実な賭け」となるのだ（ブ二九四／セ九四）、と。

7 「説得術について」

「真の雄弁は、雄弁を軽蔑する」（ブ四／セ六七一）。『パンセ』の、この断章を人々はよく引用するが、誰の言葉なのかを必ずしも覚えているわけではない。この考えは当時、広まっていた。「完成された紳士《オネットム》」たるものは、自然にふるまわねばならない。この〈注意深イ飾リ気ノナサ〉は、ルネッサンス以降の宮廷人によって培われてきたのだった。雄弁術の華やかさが学校風で作り物めいているのに対し、真の話術はおのれを目立たせない。パスカルは、表向きは自然を装いながらも、説得のためのあらゆる技法を知りつくしていた。

『パンセ』の別の断章が、パスカルの見解を明確にする。

> 雄弁。／こころよさと現実味とが必要であるが、このこころよさはそれ自身、真なるものから取られねばならない。（ブ二五／セ五四七）

パスカルはこころよさを否定はしなかった。相手を喜ばせることは不可欠と思っていた。それこそが

『プロヴァンシアル』の驚くべき成功を説明しうる。この作品において、パスカルは、教義論と決疑論の面倒な諸問題について、サロン風の調子で人を笑わせながら論議できるのだと身をもって示している。パスカルは、論争に身を投じる以前から、こころよくかつ真理を語るような雄弁の条件について深く考えていた。当時、「幾何学の精神」について、また「説得術」についての考察を紙面に書き出していた。パスカルは、文学の場においても科学におけると同様、しかるべき方法を用いていたのである。

> 誰もが知っての通り、さまざまな見解が魂に受け入れられる際、二つの入り口がある。魂の二つの主要な能力、思考力《アンタンドマン》と意志《ヴォロンテ》である。より自然な入り口は思考力だ。なぜなら人は、証明された真理以外には、決して同意するはずがなかろうから。しかし、自然に反していながらよく使われる入り口は、意志のほうだ。なぜなら、人間らしいあらゆる気持ちは、大抵のところ、証明によってではなく気に入ることによって、ものごとを信じるよう突き動かされるからである。[1]（「説得術について」）

言論の場では、科学と異なり、証明によって思考力に訴えるだけでは十分と言えず、気に入られることを通して意志を動かすのもまた必要であると、パスカルはよく分かっている。ところで、魂への第二の入り口である、この意志というものを、パスカルはより広い意味で、聖アウグスティヌスの〈意志《ウォルンタース》〉にならって理解している。それは、すなわち〈行動ニ駆ラセル衝動〉である。つまり欲望を含んでいるのだ。今日なら、自覚的な衝動と同程度に無自覚的な衝動も含まれると言えるだろう。そしてパスカルは、気に入られることには証明ほどの価値がなく、意志がその場限りのものであると認めている。

こちらの手段は卑しく、恥ずべきで、なじみがない。だから誰もがそれを自分のものとは認めない。［…］／私は、それゆえ、われわれに理解できる範囲の真理のことしか語らない。そうした真理は次のようなものだ。すなわち、精神と心とは、それらの真理を魂に受け入れるための二つの門であるが、精神を通って入る真理はわずかしかない。ところが意志《ヴォロンテ》の浮ついた気まぐれを通じて、論証の助けも借りずに導き入れられる真理は、群れをなすほど多い。(2)（「説得術について」）

精神と心という新たな区別が、思考力と意志という区別に重なる。意志は、心と同じく、気まぐれである。意志を突き動かすのは、「すべての人に共通し、本性に根ざすある種の欲望、たとえば幸福になりたいという欲望」である。パスカルの見たところ、

すべての人間は幸福になることを求めている。例外はない。そのために用いる手段がどれほど異なろうとも。誰しもがこの目的に向かっているのだ。（ブ四二五／セ一八一）

それゆえ、私たちはみな、なにかしらの対象に左右されるが、そうした対象は、

意志を動かしてしまうことで実際には害をなすのに、われわれを喜ばす力があるため、意志にとってまるで本当にそれが幸福かと思わせるほど強力だ。(3)（「説得術について」）

だからこそパスカルは、思考力と意志の双方へ、精神と心の双方へ働きかけようとする。意志だけ切

り捨てる方法などないのだから。

したがって、説得したい内容が何であれ、説得したい相手の人物を考慮に入れねばならなさそうだ。その人の精神と心を知り、どのような主義主張に同意するのか、どのようなものを好むのかを知らねばならない。そしてその次に、問題となっている件において、その件が相手の公言する主義主張といかなる関係にあるのか、あるいは相手を魅惑するような甘美な対象といかなる関係にあるのかに気づく必要がある。つまり、説得術とは、説得する手腕と同じくらい、気に入られる手腕にある。それだけ、人々が理性による以上に、気まぐれによって自分を動かしているということなのだ。[4]（「説得術について」）

パスカルは、こうして論証と魅惑とを調和させることになる。精神に向けられた立証の術と、意志や欲望、あるいは快楽に狙いを定めた、気に入られる術とを結びつけていくのである。

しかしながら、彼の「説得術」は、自然界の真理のみに関わるものであって、もっぱら心を通して到達しうる、第一原理《プルミエ・プランシップ》[5]や超自然的真理に関わるものではない。

私はここでは、神に関わることがらについて話しているのではない。神に関わることがらは自然よりはるかに上にあるのだから、説得術の範疇まで落としてしまうことは控えたい。神のみがそれらの真理を魂にもたらすことができ、思いのままの方法を取られるのである。[6]（「説得術について」）

のちに、『パンセ』においては、この区別は心と理性の区別となるだろう。

> われわれは真理を理性によってのみならず、心によってもまたそれを知るのである。われわれが第一原理を知るのは心によってであり、推論はそこに関わりをもたないので、第一原理に異議を申し立てようとしても無駄である。(ブ二八二/セ一四二)

視点が変化したのだ。理性は命題の論理的なつながりを操るが、原初の諸観念《ノシオン・プルミエール》にいたることはできない。認識の根源となる原理は、心の側にある。まさしく「四終〔神学において死、最後の審判、天国、地獄という人間の終末の状態を示す〕」と同じように。

8 圧制

圧制は、パスカルの大きなテーマである。パスカルは、「背後の思考」によって力を尊重し、たとえ力が正義をないがしろにして我が物顔にふるまうとしても、力は秩序を保証するがゆえに正当だと認めるが、圧制に対してはつねに対立する姿勢をとり、『パンセ』において次のように定義している。

圧制は、自分の秩序の外に出て、いたるところで支配したいという欲望から生まれる。（ブ三三二／セ九二）

圧制は、おのれの権限あるいは管轄に属さない領域において権力をふるうため、不当な力である。つまり、権力の乱用である。それゆえ、政治的権力が、科学や芸術、知的あるいは宗教的な分野といった、それぞれ明確に異なる秩序に属す諸分野に対して口出しすることに正当性はない。

力の強い者、美しい者、秀でた精神、敬虔な信仰者たちのそれぞれが有している異なる部屋。それぞれ自分の部屋を支配し、他所は支配していないが、ときおりたがいにばったり出会う。そこで力の強い者と美しい者が愚かにも相手の支配者になろうとして戦う。それが愚かだというのは、それぞれの支配の種類が違うからである。お互いに理解し合うことはできない。それなのにあらゆる場所で支配しようと望むことが誤りなのだ。何者もそのようなことはできない。力でさえも。力は学者の王国においては何もできない。力は外的な行動の支配者であるにすぎない。（同上）

力と美との闘い、あるいは力と科学、あるいは力と宗教の闘いは、あってはならない。自身の管轄領域の外まで手を出し、「いたるところを支配する」と言ってはばからぬ秩序は、圧制的である。

パスカルにとって、圧制とは、まずは教皇のものだった。教皇は、一六五三年五月三十一日に教皇勅書「クム・オカーシオーネ」によって断罪された五命題のうちにジャンセニウスの学説が存在することを、ポール・ロワイヤルが公に認めるよう迫っていた（ここでジャンセニストたちを長らく教皇の権威に対立させた、複雑な論争の話に入る）。パスカルは、『プロヴァンシアル』の第十七信〔宛先は、ルイ十四世の聴罪司祭でイエズス会士のアンナ神父〕、最後から二番目の手紙に次のように書くことになる。

そしてまた、神学博士たちが、ジャンセニウスは《有効な恩寵》の意味することしか言っていないと確信していながら、ジャンセニウスの言う意味の説明もなくその学説の断罪宣言に同意する、などということがどうしてありえましょうか。というのも、神学博士たちがジャンセニウスは《有効な恩寵》を意味していると信じているのに、その点をそのままにしておいてジャンセニウスを断罪すれば、まさに《有効な恩寵》そのものの断罪となるわけで、それこそ大きな過ちを犯すことにほかならないのですから。とすれば、博士たちにこうした不幸な二者択一を迫ること、すなわち、良心に逆らってこの断罪に署名して、神のみまえに罪びととなるか、あるいは署名を拒み、異端者として扱われるしかない状況に追いやるということは、異様な圧制なのではないでしょうか。

ジャンセニストたちの主張は一六四九年にソルボンヌ大学によって攻撃されたが、その攻撃とは恩寵についての七つの命題、のちに五つとなった命題[1]が、ジャンセニウスの著書『アウグスティヌス』にあるというものだった。簡単に言えば、ジャンセニストたちは、《有効な恩寵〔原罪に縛られた状態の人間に、神が新たに与えうる恩寵〕》の介入なしではキリスト教徒は救いを得られないと提唱していた。これに対し、イエズス会士たちは、《十分な恩寵〔神がすべての人間に与えたが、人間の方で拒みうる恩寵〕》だけで、その名の示す通り、十分であると力説していたのである。ポール・ロワイヤルは五命題を異端として断罪することを了承したが、それらの命題がジャンセニウスの著書に見出せるということは否定した。ローマの教皇庁は勅書によって、五命題がジャンセニウスのものであると断定した。五命題を誤りとする道理の問題と、それらがジャンセニウスにあるとする事実の問題とを分けて考える、という表向きの態度にポール・ロワイヤルは結局逃れ、屈していったのであった。

パスカルは、『パンセ』の「悲惨」の綴り《リアス》において圧制を描く際にも、教皇の権威濫用について考えている。

> 圧制とはある手段によってしか得られないものを別の手段によって得ようとすることだ。［…］だから次の言葉は誤っていて圧制的である。「私は美しい。それゆえ人は私を恐れねばならぬ。私は強い。そ

れゆえ人は私を愛さねばならぬ。私は……」次のように言うことも同じように誤っていて圧制的だ。「彼は強くない。それゆえ私は彼を尊敬しないだろう。彼は学問がない。それゆえ私は彼を恐れないだろう」（ブ三三二／セ九二）

フロンド派の話に戻ると、フロンド派もまた諸秩序を混同し、圧制に陥っていたのだ。

パスカルは、教義に関する教皇の権力に圧制的要素をみいだす一方、絶対王政は秩序を保つものとして、圧制にあたるとみなさない。圧制とは、表現の自由、あるいは思想の自由とのちに呼ばれるものに対する侵害であり、圧制に対するパスカルの闘いは、寛容という近代的概念を先取りしていた。ポール・ロワイヤルも含めて一部のカトリック信徒の目には、パスカルがたとえ自由思想家たちを回心させるためだったとしても、不敬虔なふるまいをしたと映ったのにも説明がつく。なぜなら、パスカルは、良くも悪くも、宗教に抗して良心の自由を奨励する者たちの側に、身を投じたのだから。

9 決疑論(1)

パスカルの、決疑論者《カズュイスト》を相手どった長きにわたる激しい闘いは、『プロヴァンシアル』だけでなく『パンセ』においても繰り広げられた。『パンセ』には、「キリスト教は、聖なる書物においてと決疑論者のもとでとではまったく違う」(ブ六〇一/セ二七六)との記述がある。つまり、決疑論者は福音の宗教であるキリスト教をゆがめているというのだ。

だが、当の決疑論者とはどういった人々なのか? 個々の良心や道徳に照らして何が罪となるかを分析し、問題を解決する神学者、とくにイエズス会士である。パスカルは『プロヴァンシアル』において、彼らの弛緩した道徳論に抗議の声を上げる。というのも、彼らは、ほとんど何でもこれこれの条件のもとでなら罪にあたらず、としてしまうからである。彼らは教会によって制定された禁止の数々を巧みに回避する。

『プロヴァンシアル』向けのこうした寸評は、『パンセ』においては次のように要約されている。

決疑論者たちは、腐敗した理性にものごとを決めさせ、腐敗した意志に決定の選択をゆだね、人間の

本性のうちにある腐敗したもののすべてが人間の行動に関与するようにしている。（ブ九〇七／セ四九八）

『プロヴァンシアル』では、パスカルは、決疑論者があらゆる大罪を罪にあたらずとしたさまを示し、相手を笑いものにしている。たとえば、王令によって決闘が禁じられ、また当然、神も殺人を戒めておられるにもかかわらず、もっとも有名なスペインのイエズス会の神学者であるモリナだとか、ウルタード、エスコバール、サンチェス、レッシウスだとかいった決疑論者を誰かひとり見つけさえすれば、「たがいに闘おうとする特別な意図」がない場合の決闘は可としてもらえるのである。

「というのも、野原へ行って、人を待ちながら散歩をし、攻撃されたら身を護るということの、何が悪いのでしょうか？」（『プロヴァンシアル』第七信）

このように、決闘は、前もって計画されたのではない偶然の出会いとして提示されれば、心内留保(2)のおかげで許されるものとなる。パスカルの目には単なる言い逃れ、言葉遊びとしか映らない。決疑論者に対する告発文は、絶妙である。パスカルは、良識からすれば明らかに常軌を逸した主張を唱える決疑論者の引用を次々と好きなだけ重ねていく。たとえば、事情によっては人殺しが認可され、暴利の罪もまた、「司法による支払金として」ではなく「感謝による支払金として請求するのであれば、［…］貸した相手から利益を得ることにはならない」から、可とされる（第八信）。あるいは聖職売買、金と引き換えに聖職禄を得ることについて、「聖職禄授与者が聖職禄を授けたいという気を起こすための動機付けの」金を与えるならよい（第六信）。あるいはまた、復讐について、「平手打ちを受けた者はそれについて復讐しようとしてはならないが、不名誉を避けようとするのは悪いことではないし、そのために、剣をふるってでも即座に侮辱をはねのけようとしてよい」（第七信）。決疑論者は、男色の罪さえも弁護し（第六信）、また大罪の状態にある司祭たちが告解をしないまま悪意からミサをおこなう場合も、弁護した[3]（ブ九二二／セ六〇四）。

「平手打ちを受けた者は、その場で敵を追い、剣をふるってもよい。復讐するためではなく、名誉を回復するためならば」（第十三信）だとか、「受けた平手打ちを理由に殺してもよい」（第十四信）だとか主張する決疑論者に対し、パスカルはそれらのケースを詳細に見直して、反論する。「聖アウグスティヌスによれば、「権限もなく犯罪者を殺す者は、みずから犯罪者となるが、もっぱらそれは、その者が神から与えられていない権限を簒奪しているという理由による」。逆に、この権限を持つ裁判官にしても、自分たちが従わねばならない法に反して無実の者を死なせるならば人殺しである」（同上）。ここでまた、既存の権威と法に基づく力を尊重する、あのパスカルの姿を見出せる。この考え方は、国家が法にもとづく暴力を独占する体制の確立によって、諸社会が文明化していく過程があるとするマックス・ウェーバーの説を、はるかに先んじている。

一体だれが、次のように言う権威をあなたがたに与えたのです？　モリナ、レギナルドゥス、フィリウティウス、エスコバール、レッシウスやその他の人々が言うように、「われらをなぐりつけにやってくる者を殺すことは許されている」などと？［…］一体どのような権限で、個々人でしかないあなたがたは、殺すということの権能を個々人や聖職者たちにまで与えるのですか？（同上）

パスカルが決疑論に対して一切の有効性を否定しているなどと、早まった結論を出さないようにしよう。パスカルが異議を唱えるのは、なんでも可とする弛緩道徳に対してであって、決闘や復讐、聖職売買あるいは男色について、誰かひとりでも神学者のなんらかの蓋然的意見が存在するなら、他の複数の意見（たとえば聖アウグスティヌスの意見）がより蓋然的であっても、蓋然論《プロバビリスム》(4)の名の下に、くだんの一神学者の意見に従ってよいとするような考え方に対してなのである。「蓋然説《プロバビリテ》。彼らはいくつかの真の原理を有しているが、それらを乱用している」（ブ九一六／セ四五二）

10
父

パスカルの母親については、パスカルが三歳の時に亡くなっていて、ほとんど知られていない。しかし父親のほうは、人々に深く尊敬される人物であり、いたるところで存在感を示し、何でもできる人だった。諸権威を尊重していたパスカルは、当然、まず父の権威を尊重したが、このような父の息子であることは、きっとたやすくはなかったであろう。

父のエチエンヌ・パスカル（一五八八‐一六五一）は、法律家で行政官、数学者にして音楽家だった。パリでは法学部の学生として、弁護士のアントワーヌ・アルノー（一五六〇‐一六一九）と付き合ったはずだが、このアルノーこそ、ポール・ロワイヤルを占める一族の父親だった。その顔ぶれは、国務評定官でポール・ロワイヤルの隠士であるロベール・アルノー・ダンディー（一五八九‐一六七四）、カトリーヌ・アルノー（一五九〇‐一六五一）、ポール・ロワイヤルの改革者である教母《メール》アンジェリック（一五九一‐一六六一）、ポール・ロワイヤル女子大修道院長としてその後を継いだ教母アニェス（一五九三‐一六七一）、アンジェの司教アンリ・アルノー（一五九七‐一六九二）、そして最後にアントワーヌ・アルノー（一六一二‐一六九四）、ジャンセニスムの理論家である大アルノーだ。ポール・ロワイヤルの最初の隠士であるアントワーヌ・ルメートルと、聖書の翻訳者であるルイ＝イザーク・ルメートル・ド・サシが、カトリーヌ・アルノーの息子たちであったことも忘れないでおきたい。

パスカル家の人々は、一六四六年にジャンセニスムに回心することになるが、アルノー家の人々と同じ環境にあった。いずれも法曹界の名士であり、オーベルニュ出身、一時は宗教改革の影響を受け、禁欲的なカトリシスムと厳格主義道徳の信奉者だった。

一六二三年の息子の誕生時、エチエンヌ・パスカルはクレルモンの租税院の評定官だった。その後モンフェランの租税院の副院長となった。一六三一年、四十三歳のときに仕事を辞めて、最良の学者たちと親交を結び、子どもたちを教育するためパリへ出た。一六三八年にはパリ市に対し自分の年金減額に抗議したかどで、身を隠さねばならなくなったが、娘のジャクリーヌが詩才を活かしてリシュリューの寵愛を家族に取り戻せるようはからい、救われた。リシュリュー枢機卿に仕える身となり、一六四〇年には、王権に屈した裕福な地方ルーアンでの税金徴収のための国王直属官僚となった――この仕事では抜きんでた実力を示し、息子が算術機械を発明するきっかけにもなった。このように、エチエンヌ・パスカルは、はじめは官職保有者であったが、保有していた職務を売り、国王の親任官職に任命されて地方長官となったのである。

ジルベルトが後に書くところ[1]（『パスカル氏の生涯』第一稿）ではエチエンヌは、「一人息子」に対して「深い愛情」を抱いていたものの、権威的で独占欲の強い人間であり、清廉だが冷厳、非妥協的な司法官にして、知識と権力を同時に備え、会計と財政の方面に才能があって、なおかつ公正で実直な人物、そして子どもたちの唯一の指導者だった。

エチエンヌが生前ずっと抑えつけていた子ども三人は、そろって傑出していた。長女のジルベルトは一六四一年にエチエンヌ・パスカルのいとこであるフロラン・ペリエと結婚した。エチエンヌが自分の職務を補助してもらうためにフロランをルーアンに呼び寄せたのだったが、フロランは一六四二年の結婚を機にクレルモン・フェランへ戻った。

一六四六年、ルーアンでは、父が転倒し歩けなくなったことで、家族はポール・ロワイヤルの支持者たちと知り合いになり、まず息子、それから父、さらに次女が親交を結んだ。彼らはジャンセニスムへ回心しても、俗世を捨て去りはしなかったし、俗世と敵対もしなかった。エチエンヌ・パスカルは一六四八年まで地方長官にとどまった。一六四八年は、高等法院によるフロンドの乱に際し、国王の親任官職が廃止された時に当たる。彼らはフロンドの乱へ共感することなく、宮廷の側につき、パスカルの友人であるロアネーズ公爵のように、君主政の正当性を擁護した。

卓越した詩人だったジャクリーヌは、ほどなくして、ポール・ロワイヤルへ隠遁したいという強い願いを表明した。姉のジルベルトによれば、ジャクリーヌはポール・ロワイヤルでなら「理性的でありながら修道女」でいられると口にしていたという（『ジャクリーヌ・パスカルの生涯』）。エチエンヌ・パスカルは子どもたちに裏切られたと感じた。ジルベルトは次のように書いている。「父は、弟についてさえ不満を述べていました。その計画が父の意に適うものであるか知りもせずに、助長したのだというのです。そのような考えによって、父は弟と妹に対してとげとげしくなり、もはや二人のことを信用しなくなってしまいました[2]」（同上）。エチエンヌはジャクリーヌを結婚させることは断念したものの、自分が生きているあいだにジャクリーヌが修道女となることは認めなかった。一六五一年には、今度はパスカルのほうが、妹のポール・ロワイヤル修道院入りに抵抗した。このときは、ジルベルトとジャクリーヌがパスカルを蚊帳の外に置いて示し合わせたのだった[3]（同上）。

このパスカル一族は、普通の枠に収まらない家族だった。愛情深いが高圧的な父、「苛立ちやすい」息子、とジルベルトは、パスカルの最後の病気の際に付き添ったサン＝テチエンヌ＝デュ＝モンの司祭の言葉を報告しつつ書くことになる――「この人は、まるで子どもなのです」と司祭は言っていたという[4]（『パスカル氏の生涯』第一稿）――、激しい気性の妹、そして姉は弟妹のあとを生き延び、完璧な文章で彼らについての記憶を大切に書き残した。

ブレーズ・パスカルが永遠の子どもだったとしても、父の死に際して姉のジルベルトと義兄に送った慰めの手紙は、アウグスティヌス神学における円熟ぶりを物語っている。しかしながらこの手紙が書かれたのは、通常、パスカルの社交人時代とみなされる時期なのである。

11

「コペルニクスの学説を深く掘り下げなくてよいと私は思う」

パスカルは学者にかこまれて成長した。まだ幼いうちから父に連れられ、メルセンヌ神父のアカデミーでの会合に足を運んだ。この科学サロンで、ロベルヴァル、デカルト、ガッサンディに出会い、また非常に早くからフェルマと文通をおこなった。

科学史は当時、非常に重要な局面を迎えている。実験的方法によって、アリストテレスのスコラ学、たとえば自然による真空嫌悪説などが疑問視されるようになった。重力が学者の関心を引きつけ、のちにニュートンの法則によって説明されることになろう。コペルニクスは太陽を宇宙の中心に置き、惑星がその周囲を回るとともにそれぞれ自転しているとの仮説を立てた。ケプラーは、惑星の軌道が円形ではなく楕円形を描いていることを証明した。ついには、ガリレイが新しい物理学の最初の数学的法則を公式化し、物体の落下の速度が重量に左右されないことを示した。

パスカルは、世界観が一変したまさにその時代を生きたのである。パスカルが目の当たりにした科学革命は、聖書とアリストテレス由来の世界像と決別し、アレクサンドル・コワレの言葉を借りるならば、「無限の宇宙に対して閉ざされた世界」、古代人や中世の閉ざされた世界から、近代人の無限の宇宙への移行をもたらしたのだった。

結果として当然引き起こされる人々の恐慌《パニック》状態をパスカルは『パンセ』において劇的に表現し、自由思想家《リベルタン》を恐怖に突き落とす。しかしながら、パスカルがまず察知したのは、コペルニクス、ケプラー、ガリレイの諸理論を受けて科学と信仰のあいだに理解を阻む壁が立ちはだかったことだった。イエズス会士らが関与したと思われる一六三三年のガリレイの有罪判決は、教皇による圧制の一例としてパスカルの眼には映った。イエズス会に対して『プロヴァンシアル』が論争をしかけた動機の一つは、この件である。

> あなたがたはガリレイに対して、地球の運動に関する彼の見解を有罪とした教皇令をふりかざそうとしましたが、それはまったく無意味でした。そのようなものは、地球がじっとしていることの証明にはならないでしょう。恒常的な観察によって、回転しているのが地球だと証明されているのなら、すべての人が束になっても地球が回転するのを止められないはずですし、地球とともに自分たちもまた回転するのを止めることなどできないはずです。（第十八信）

この一節は、ガリレイが自説を撤回した後につぶやいたとされる、おそらくは作り話の、あの言葉を思わせる――「それでも地球は回っている！」《エ・プール・シ・ムオーヴェ》ただし、パスカルは慎重な態度を示す。ガリレイの理論を一つの「見解」として、すなわち一仮説として紹介するにとどめ、確実なこととはしていない。実験主義者であるパスカルは、ガリレイの理論が真実であるかどうかを証明する観察、証拠はまだ不足しているとみなす。それゆえ、地球が太陽の周りをまわっているとは言わず、賢明な条件法の表現を用い、仮に実験が地球の回転を証明するのであれば、教皇の異端審問による宣告は地球の回転を妨げないはずだと言うのである。しかしながら、一六五〇年代にパスカルが顔を出していたパリの科学界においては、この問題については疑う余地などほとんどなかった。

パスカルの留保は、科学的厳密さだけによるものではなく、学者たちに科学のうぬぼれ《ヴァニテ》を思い起こさせようとする意図によっても説明される。『パンセ』の次の断章はそのように理解することができる。

コペルニクスの学説を深く掘り下げなくてよいと私は思う。（ブ二一八／セ一九六）

科学研究は、狩りや賭けと同様、一つの気晴らしなのである。超自然的な真理の追求という本質的なことがらから目を背けさせてしまうからである。『パンセ』での、一つ前の断章において、パスカルは自由思想家《リベルタン》を独房にいる囚人になぞらえる。自分の死刑判決が署名されたかどうかを知るために、またこれを撤回させるために一時間しか残されていないにもかかわらず、その一時間を「ピケ（三十二枚一組のカードを用い、二〜四人で獲得した組数の得点を競うゲーム）で遊んで」（ブ二〇〇／セ一九五）過ごしてしまうような囚人である。

「気晴らし」についての『パンセ』の長い断章において、パスカルは、自分たちの置かれた条件を考えずにすむよう「人々がせっせと励む多様な活動」を列挙していくなかで、登場するのが、「自分の書斎で汗を流して勉強するのだが、それは今まで見つけられなかった代数学の問題を自分が解いたことを学者たちに示すため」（ブ一三九／セ一六八）という者たちである。パスカル自身、回心後もなお、サイクロイドについての研究をするあいだ、数年にわたって同じふるまいをするだろう。

数学は、ほかと変わらぬ気晴らしであり、詩もまた同じである。詩について妹のジャクリーヌがもっていたすばらしい「才能」[1]を、ポール・ロワイヤルは「葬る」よう要求した。詩才から栄誉を引き出すことができてしまうだろうからと言うのであった。（ジルベルト・ペリエ『ジャクリーヌ・パスカルの生涯』）

パスカルがプトレマイオスの天動説とコペルニクスの地動説とのあいだで態度を決めようとしないとすれば、消極的理由（決めるには証拠が不足しているから）というより、謙虚さからである。なぜなら、宇宙は彼の眼には疑う余地なく無限であり、しかも、「人間の不釣合い」についての有名な断章（ブ七二／セ二三〇）が示す通り、二重に無限（大きな無限と小さな無限）なのである。この二重の無限という見地に立つと、宇宙の中心が地球か太陽かという論争は、意味をすっかり失ってしまう。宇宙が無限なのであれば、円周はどこにもなく、中心はいたるところに存在するのだ。

目に見えるこの世界すべては、自然の広大なふところのうちにあっては識別しがたい一筆の線にすぎない。どのような観念もこの自然に接近することはできない。想像しうる諸空間のかなたへとわれわれの概念をふくらませていっても無駄である。事物の現実と比べるならば、われわれは微細な原子を生み出すにすぎない。自然は中心が至る所にあり、周囲はどこにもない無限の球体である。（ブ七二／セ二三〇）

12 パスカルとマルクス主義者たち

マルクス主義者たちは、つねにパスカルに対して敬意を払った。彼らが惹かれるのは、パスカルの政治への冷笑的態度、攻撃的な文体、弁論の名人技、道徳的厳格さ、純化された信仰である。マルクス主義の活動家たちは、階級の敵どもと闘うための訓練になるよう、『プロヴァンシアル』を読まされたものだった。

ロメール監督の映画『モード家の一夜』では、ジャン＝ルイ・トランティニャン演じるカトリック信徒が若き日の友とクレルモン・フェランで再会するが、その友とはアントワーヌ・ヴィテーズの演じるマルクス主義哲学の教授である。カフェの店内で、ふたりはパスカルの賭けについて長々とした議論にふける。ヴィテーズは、神の存在をめぐる賭けを歴史の意味についての賭けへと置き換え、パスカルの論法を支持する。歴史には意味がないのか、あるいは歴史に意味があるのか、この二つの仮説のうち選ばねばならないとすれば、また歴史の無意味さには九〇パーセント、歴史の意味には一〇パーセントしか可能性がないとしても、よりよい世界の方へ賭けるほうが道理にかなっている。世界を変えるためのあらゆる政治参加は、パスカルの賭けによく似た賭けに基づいている。パスカル自身は、父と同じく、政治的にはきわめて慎重な姿勢を見せたのだが。

パスカルのマルクス主義的読解としてもっとも完成されているのは、リュシアン・ゴルドマンが一九五五年の著書『隠れたる神』において、ジャンセニスムとパスカルやラシーヌについて論じたものに尽きる[1]。ゴルドマンはジャンセニスムを「俗世の中にありながらの俗世の拒否」と定義し、社会階級の一つである法服貴族の階級に重ねている。法服貴族とは、絶対王政と中央集権主義の力が強まるなかで、地位の低下した法曹界の小貴族のことだ。この時期から、世襲によって公職を保持する官職保有者は、王権の代理をつとめる親任官僚である地方長官との競合関係に入る。君主制は、高等法院や保有官僚の利益に反して強化されてゆき、法服貴族の苛立ちと敵意をかき立てるのだが、まさにこの階級に、パスカルとアルノーの家族は属している。

社会的地位の低下したこれらの名士連は、ポール・ロワイヤル修道院の隠士たちにならって、ジャンセニスムのうちに避難したのだと言われている。高等法院の人々とポール・ロワイヤルとの関係は明らかな事実であり、その関係がフランス革命まで維持されたため、十八世紀のジャンセニストは旧体制《アンシアン・レジーム》の崩壊にむけて画策したのではないかとのちに非難されるほどであったし、またポール・ロワイヤルは実際に、絶対王政に対抗する中核を形成したのではあるが、それにしても、保有できる職務を取得すれば、旧体制下において社会的上昇の道を辿れたことに変わりない。そもそも、地方長官は官職保有者のあいだから選ばれることが多かった。エチエンヌ・パスカルも、官職保有者であったがクレルモン租税法院での職務を売り払ってパリへ赴き、数年後には、国王直属のルーアン地方長官となったのであり、ジャンセニスムへ回心しても、変わらず、親任官僚としての職を熱心に果たし続けたのである。

パスカル姉弟のジャンセニスムもまた、遁世を誘うものではなかった。彼らが自分たちの世襲財産を気にかけていた事実は、クレルモンとパリにおける財産関連のおびただしい公正証書によって実証されている。ブレーズ自身、父の死後かなり長いあいだ経っても、結婚をしたり何らかの職を得ようとしたりする考えを抱いていた。財産も収入も貧弱だったため、その計画はのびのびとなり、ついに取りやめとなったのだが。パスカルは、自身がポール・ロワイヤル修道院の隠士たちに加わろうという気持ちになることは一切なかった。

リュシアン・ゴルドマンは、『プロヴァンシアル』の段階ではジャンセニストたちの希望の名残があるのに対し、『パンセ』においては俗世の悲劇的な否定にいたっているとし、両者のあいだには、断絶があると見ていた。これはイエズス会士に対する闘いと、キリスト教擁護とのあいだの断絶である。パスカルが信仰心のなかに閉じこもったことこそが、ゴルドマンによるジャンセニスムの政治的社会的分析の正しさを確証するものだった。ところが、『パンセ』の断章のほとんどが書かれたのは、一六五六年夏から一六五七年夏にかけてであり、「小さな書簡」と同じ時期である。イエズス会への攻撃文書とキリスト教擁護とは同時期の文章であり、わかちがたく結ばれている。『プロヴァンシアル』におけるイエズス会的決疑論への反駁が、『パンセ』の人間論を用意したのである。この論争によって懐疑主義についての思索が導入されることとなり、懐疑主義は『パンセ』には一六五八年の構想においてはじめて登場する。というのも、イエズス会的決疑論は、懐疑主義の一つの形であるのだ。次の断章を見れば、両者の関係は明白である。

この世のあらゆることは部分的には真であり、部分的には偽である。本質的な真理はそうではない。

> それは全面的に純粋であり全面的に真である。真と偽の混合によって、本質的な真理は汚され消滅させられるのだ。何ものも純粋には真ではなく、したがって純粋な真という点から見るならば何ものも真ではない。殺人が悪であるというのは真だと人は言うだろう。そうだ、なぜならば、われわれは悪と偽をよく知っているからだ。けれども、人は何が善だと言うだろうか？ 純潔か？ 私はそうではないと言う。なぜならば世界が終わってしまうからだ。結婚か？ 否、禁欲の方がよい。人を殺さないことか？ 否、なぜならば社会の混乱は恐るべきことになって悪人が善人すべてを殺してしまうだろうからだ。人を殺すことか？ 否、なぜならば、それは自然を破壊するからだ。われわれは真も善も部分的にしか有しておらず、悪と偽の混合としてしか有していない。（ブ三八五／セ四五〇）

まるで、モンテーニュが思いつくままにさまざまな矛盾を挙げていく「レーモン・スボンの弁護」を読んでいるかのようだ。[2] しかしながら、『プロヴァンシアル』に出てくる懐疑主義が『パンセ』の前提であるとしても、パスカルは真理の追求を諦めないし、悲痛な絶望のうちに引きこもりもしない。『パンセ』は神なき人間の悲惨を指摘し、隠れたる神の存在を肯定する。パスカルの本質的なこの二つの主張が論争のなかで見出され、キリスト教擁護の統一性を生み出し、人間学と神学とを結びつけるものとなっているのである。

官職保有者と親任官僚のあいだの階級闘争からはほど遠いにしろ、マルクス主義者たちは『プロヴァンシアル』において後々まで政治的闘争を学ぶことになるだろう。パスカルこそ、ルイ・アルチュセール〔一九一八－一九九〇　マルクス主義理論の構造主義的再評価をめざした哲学者〕の真の師匠だったのではないか？

13

「この無限の諸空間の永遠の沈黙が私を恐怖させる」

「この無限の諸空間の永遠の沈黙が私を恐怖させる」（ブ二〇六／セ二三三）。これこそ、『パンセ』のもっとも象徴的な断章の一つであり、私たち近代人は、この一人称を個人的な実存の不安の表現ととらえている。

『パンセ』の新しい版を求める一八四三年の『アカデミーへの報告』において、ヴィクトル・クーザンは、すでに恍惚と語っていた。「この陰鬱な一文は、残りの文章から切り離されて私たちの目に飛び込んでくる。神なき世界の孤独にあって、魂の深淵から突如放たれる、悲痛な叫びのようではないか！」

パスカルは、十六、十七世紀の科学革命によって現われた無限の世界の前に、不信仰者を立たせてみせる。宇宙の諸空間の沈黙は、惑星の音楽的調和によって秩序立てられた一つの世界という考えを断ち切り、沈痛な孤独を強いるものである。

近代人がこの不安をパスカル個人のものとしたのは、特に、ある神父による後々の証言に基づいている。その神父は、想像上の恐怖の虜になっている若い女性に対して、パスカルに関する次の逸話を語ったのである。「あの偉大な人物は、つねに自分の左側に奈落が見えるように思い、そこに椅子を置かせて気を休めていたのだよ」。ボードレールはこれに着想を得て、「深淵」という詩を書いた(1)。ここから、パスカルを神経質でノイローゼで躁うつ病の人物として描く、公式聖書型《ヴルガータ》の伝統が生まれてしまった。パスカルの姪のマルグリット・ペリエは、パスカル幼少期の心身の変調を語り、パスカルの健康状態は生涯を通じて思わしくなく、中風や、失声症や、偏頭痛によって乱されたとした。こうした話は、天才を狂気に関連づける十九世紀の紋切り型の発想を強めさせた。すでに一七四一年の時点で、ヴォルテールはこれらの逸話をもとに、憂鬱症がパスカルの理性を狂わせてしまったと結論し、パスカルの回心は精神の不調によるものと説明していた。

シャトーブリアンは、『キリスト教精髄』において、ヴォルテールの逆を主張することになる(2)。「キリスト教哲学者による『パンセ』を紐解き、人間の本性を扱う六つの章に目を落とすとき、驚きうろたえずにいるのは難しい。パスカルの感情は、特にその悲しみの深さ、あるいはその測りしれぬ広がりを特徴としている。人はそうした感情に包まれ、無限のただなかにいるかのように宙づりにされてしまうのである」

この後、人間の悲惨と虚栄心についての、パスカルのロマン主義的な読解が拡がっていく。それは世紀病、ロマン主義的絶望と読まれ、さらには実存的不条理とされ、もはや、〈真理へノ道《ウィア・ウェリタス》〉ではなくなるのである。「まるでパルミラの廃墟を目にするかのようだ。天才性と時代とが残した世にも稀な遺跡であって、砂漠のアラブ人はその城下に惨めな小屋を建てるほかなかった。ヴォルテール曰く、『パスカル、崇高なる狂人、一世紀早く生まれてしまった』。この一世紀早くということの意味は、理解できよう。[…]著作のどの部分において、ポール・ロワイヤルの隠士パスカルは、もっとも偉大な天才たちの上に立ったのであろうか？　人間についての最初の六章においてである。ところでこれら六章は、すべて原初の人間アダムの失墜をめぐって展開しており、パスカルが不信仰者だったとすれば、存在しなかったはずである」

シャトーブリアンはヴォルテールと同様、パスカルが自由思想家《リベルタン》である相手の恐怖をかき立て、揺さぶり、打ち倒し、相手を無関心の安逸から引き抜き、不安へ引き渡そうとしている点をあえて無視することにしたのである。

ヴァレリーだけが、一九二三年のかの有名な「『パンセ』の一句を主題とする変奏曲[3]」において、非常に慎重な姿勢を見せる。「私は、この完璧な悲しみの態度、この絶対的な嫌悪のうちには、何かしら体系的なもの、作為的なものがあると考えずにはいられない。見事に調律された文と全面的な断念とは相いれるものではないからである。すばらしい文章を書かせるような遭難は、悲惨の極みとはいえず、おのれの難破から、いくらかの精神の自由を、［…］うまく救い出している」。ヴァレリーは、独特なしかたで距離を取り、哲学と宗教には触れないでいる。「私にはパスカルの手が見えすぎる」というのだ。「ヴァレリーがあえてパスカルについて語ってみせたとき［…］どのような語を用いたか思い出そう」と、ナタリー・サロートが一九四七年に告発することになる。「パスカルをやりこめ黙らせることに満足」を覚えているではないかとヴァレリーを責めたのだった（『ポール・ヴァレリーと象の子[4]』）。いずれにせよ、無限の宇宙の光景はキリスト教徒にも、激しい不安を与えうる。

私の人生という短い期間が、それに先立ちそれにつづく永遠の前で無に等しくなるのを考え［…］、私が占めており私が見てさえもいる小さな空間が、私が知らないそして私を知らない諸空間の無限の広大さの中に飲み込まれていることを考えるとき、私は身震いをし、私がなぜここにいて別のところにはいないのかと驚くのだ。なぜならば、ここであって別のところではなく、この時であって別の時ではないという理由はまったくないからだ。誰が私をここに置いたのか？　誰の命令と行為によってこの場所とこの時が私に与えられたのか？」（ブ二〇五／セ一〇二）

私が生まれてから死ぬまで、私の人生に正当な理由を与えるものは何もない。

私は誰が私をこの世界に置いたのかを知らないし、この世界が何であるか、私自身が何であるかを知らない。私はすべての事柄について恐るべき無知のなかにいる。［…］私は私をとじ込めているこの宇宙の恐るべき諸空間を見る。そしてこの広大な拡がりの片隅にしばりつけられている自分を見るのだ。そして私はなぜ他の場所ではなくこの場所に置かれているのか分からないし、私が生きるために与えられたこのわずかな時間が、私に先立つはるかな永遠と私の後に来るはるかな永遠のなかで、なぜ別の点ではなく現在の一点において与えられたのかわからない。／私を一つの原子であるかのように包み込み、一瞬しか続かず永久に消え去る一つの影として私を包み込んでいる無限を、あらゆる方向に見るだけである。／私の知るすべては、私が遠からず死ぬはずであるということだ。ところが、避けられぬだろうこの死について、私は無知の極にある。（ブ一九四／セ六八一）

ここで一人称によって語る人物の激しい恐怖を、パスカルもまた分かち合わなかったとはどうして保証できようか？

14
漸進法

つねに巧妙な弁証家であるパスカルは、「正と反の逆転」にかけては第一人者である。この逆転はパスカル自身が「結果の理由」あるいは「背後の思考」とも呼ぶもので、論理構成技術に対してパスカルがもたらした重要な貢献のうちに数えられる。『パンセ』でのパスカルの論理方式を示すもっともよい例の一つを取り上げると、パスカルは、《自然的無知》と《学識ある無知》を、《知》あるいは《生半可な偽の知》と対置させて比較し、賞賛している。

世間の人〔原注：すなわち民衆、庶民〕は、物事について正しい判断を下す。というのも、彼らは人間の本当の居場所である生まれながらの無知のうちにいるからだ。学問には、たがいに触れ合う両極端がある。その一方は生まれたときのすべての人間の状態である純粋な自然的無知であり、他の極端は偉大な魂が人間の知りうるすべての事柄を見たのちに到達する無知であり、そこにおいて、偉大なる魂は自分が何も知らないとわかり、出発点と同じ無知の状態にあると気づく。しかし、これは自分自身を知る、学識ある無知である。（ブ三二七／セ一一七）

この主張は、モンテーニュが、一切の学識に欠ける初学者の無知と、ソクラテスの無知のように学識あってこそ獲得される学者の無知とのあいだにおこなった関係づけを思い起こさせる。モンテーニュはさらに付け加えて、両者のあいだに位置する合いの子《メティス》は、「危険で、無能で、うっとうしい」、なぜなら「世をかき乱す」からであると述べている（『エセー』第一巻、第五四章）。パスカルは、まずはこのヒエラルキーあるいは、自身で「漸進法《グラダシオン》」と名付けるものを採用する。

この両者のうちで、自然的無知から出ていくがもう一つの無知へとは到達できなかった人たちは、愚かな学殖をいくぶんか身につけていて知ったかぶりをするのである。このような連中が世を騒がせ、何ごとにつけ間違った判断をするのである。民衆と学識ある人《アビル》habilesが世の中をうごかしている。中途半端な人はこれを軽蔑し、そして自分たちも軽蔑される者になっている。彼らはすべてのことについて間違った判断をするが、世間の人はそれらのことについて正しい判断をする。（ブ三二七／セ一一七）

民衆は、中途半端な人たちよりも正しく判断している。中途半端な人は、少しはものごとを知っているものの十分とはいえず、それでいてすべてを知っていると思い込んでいるのである。例のごとく、パスカルは逆説を投げかけることで議論を始める。一般的な意見、臆見《ドクサ》に従うなら、無知は判断を誤らせるか、あるいは判断の力を欠くのに対し、教育は正しい判断を可能にする。いや違う、とパスカルは逆の説を支持してみせる。民衆のほうが、自分ではなぜ正しいのか知らないとしても、正しくありえる（ブ三三五／セ一二六）。こうした考えは新しいものではない。下層の人々の「知恵ある無知」という考えは、ソクラテス的であると同時にキリスト教的なテーマである。

パスカルは、「両極のあいだにある人たち」に対して名前を与えていない。しかし、自由思想家《リベルタン》が、生半可な知識人《ドゥミ・アビル》 demi-habiles の一部をなしている。自分はものごとを知っていると思い込み、民衆を軽蔑するが、実際には誤っているという人々だ。民衆の側もこれに反感で応じ、パスカルは生半可な知識人に対する民衆の不信を共有している。

ここでは、パスカルはモンテーニュのように、諸精神の漸進法には、三段階があると見ている。もっと先では、最初の三段階に信心家と完徳のキリスト者とを加えて五段階を判別することになろう。五段階に分かれたことで、この漸進法は、より洗練され独自なものとなり、まさしくパスカル的となる。パスカルは、この世の地位ある者に払うべき敬意について、五つの態度を見つけ出す。段階の前後に続くもの同士は対立するのに対し、二段階離れたもの同士は一致する。


結果の理由。/漸進法。民衆は高貴な生まれの人々を敬う。半可通《ドゥミ・アビル》は、生まれは本人の長所ではなく偶然にめぐまれたにすぎないといって、高貴な生まれの人々を軽蔑する。学識ある人々は彼らを敬うが、民衆の考えによってではなく背後の思考によっている。学問よりも信仰心に富む敬虔な人々は、学識ある人々が敬う理由を知りながらも、高貴な生まれの人々を軽蔑する。なぜなら、敬虔な信仰を通じて与えられる新しい光によって判断するからである。しかし、完徳のキリスト教徒は、もう一つの高度な光によって彼らを敬う。/このように人々が光を与えられるにしたがって、意見は正から反へとつぎつぎに進んでいく。(ブ三三七/セ一二四)

民衆は、法が正しく貴族は偉いと素朴に信じている。民衆は見かけによって本質を判断しているのである。生半可な知識人は、迷妄から覚めており、見かけと実際の存在とを区別して、社会的身分は偶然によるものと考え、貴族への軽蔑を結論とする。学識ある人々は、人物の性質と社会的地位とのあいだの隔絶をはっきり理解している。しかしながら、「より高次の」考えによって、内心では評価せずとも、貴族に対し表向きの敬意を払う——ただし、腹の中で意見がないわけではない。

ここまでは、知性が漸進法を押し進めるが、次に信仰がその後を継ぐ。信心家とは、信仰の面で生半可な者である。キリスト教的価値を文字通りにとらえ、人間たちの国を神の国と混同しており、既存の社会秩序に異を唱えるのである。完徳のキリスト教徒は、学識ある人々であり、さらには信仰を抱いている。それゆえ、貴族も皆と同じく罪びとであると知っているが、神の意志を尊重するのだ。

慣習を正当化し、民衆の「実にまっとうな見解」を提示するこの「背後の思考」、すなわち「結果の理由」をこれ以上分かりやすく説明できまい。民衆のまっとうな見解とは、例えば、

> 気晴らしを選択したこと、そして獲物よりもむしろそれを追いかけるほうを選んだこと。半可通はそのことを嘲笑し、そこから世間の愚かさを得意になって示す。しかし、半可通がうかがうことができないある理由《レゾン》によって世間は正しい《レゾン》のだ。(ブ三二四/セ一三四)

つまり、世間はそれほど愚かではない。そう見えるとしても、パスカルはそこに隠れたる秩序を見出している。

15

暴力と真理

力と正義の矛盾は、パスカルの思考に繰り返し現れる主題である。パスカルは、すでに見た通り、「自称する正義を力に対して振りかざす」（ブ八七八／セ二一九）フロンドの乱に賛成していなかった。その代わり、力のうちに権威の正当な基盤を見出す伝統的な学説を受け容れ、「というのも、剣は真の権利を与えるからだ」（同上）と述べる。この権利は、力の保有こそが与えるものだ。パスカルの言い回しは、封建制から生まれたフランスの君主制についての格言「国王は神と剣とにしか従わない」を思い起こさせる。すなわち、フランク族の王たちは、教皇にも皇帝にも従属せず、自分たちの武器の力によって自分たちに帰せられるべき正義を回復するという意味である。

パスカルはここから、俗世の秩序維持のための弁護を引き出す。「さもなければ、一方に暴力、他方に正義があるという事態になりかねない。／『プロヴァンシアル』第十二信の末尾」（同上）。力の行使は不正ではない。なぜなら、それによって正義と暴力が同じ側にまわり、暴力が正当なものとなるからであり、他方、正義のあまりに字義通りの解釈は不正に陥りかねない。「極端な法は極端な不正となる」と、パスカルはキケロに由来する法格言〈極端ナ法、極端ナ不正〉を引用して思い起こさせる。

パスカルがこの断章で『プロヴァンシアル』第十二信[1]を指し示すことから、イエズス会士たちに対するこの「小さな書簡」と『パンセ』の連続性は立証される。ポール・ロワイヤルを教会権威に対立させるこの軋轢において、力と正義は同じ側には立っていない。

あなたがたは自分たちが力を持ち、処罰されることはないと信じておられますが、私は自分には真理と無実とがあると信じています。暴力が真理を抑圧しようとするこの争いは、異様で、なおかつ長引く争いです。暴力はどれだけ頑張っても真理を弱められず、真理を一層高めることしかできません。真理の光がどれだけあっても、暴力を止めるために何もできず、暴力を一層苛立たせるだけです。

(『プロヴァンシアル』第十二信)

暴力と真理のあいだでは、矛盾は絶対的であり、解決不能である。パスカルは、例によって、組み合わせがもたらすあらゆる解決策の可能性を探る。

力が力と闘うとき、最強の力が最小の力を打ち砕きます。言論を言論に対立させるときは、正直で説得力のあるほうが、虚栄と嘘しかないほうをやり込め、一掃します。しかし暴力と真理は、そのどちらも相手に対して何ら手出しはできないのです。(同上)

暴力と真理は、二種類の異なる秩序に属している。一方の秩序が他方に対して隷従を強いるなら、それは圧制である。それにしても、真理はつねに打ち勝つだろう。

しかしながら、それゆえ両者は対等であるなどと言い張らないでいただきたい、非常に大きな次の違いがあるのですから。暴力は、神の命令による限定的な流れにすぎず、神はその流れの結果として、暴力の攻撃にさらされている真理が輝くよう導くのです。真理は永遠に存続し、最後には敵に勝利します。なぜなら、真理は神そのものと同じく永遠で力強いのですから。（同上）

正義と力が同じ側にないのならば、真理は一方の側に、力は反対の側にあることになる。すると力は暴力的かつ圧制的な力となる、つまり力は正当性を失ってしまう。ここから確言できるのは、パスカルが圧制に出会ったのは、国家ではなく教会においてであって、それは教皇と司教たちの圧制であるということだ。「力なき正義は無力である。正義なき力は圧制である」（ブ二九八／セ一三五）、との文も『パンセ』に見られる。

パスカルの目には、有効な恩寵と救霊予定説を擁護するポール・ロワイヤルは、真理の側に立っている。十分な恩寵と自由意志の主張を力説するイエズス会士たちは、逆に、自分たちのための力を有している。

ジャクリーヌ・パスカルすなわち修道女ジャクリーヌ・ド・サント・ユーフェミーを含む、ポール・ロワイヤルの修道女たちが、一六六一年、ジャンセニウスの五命題を有罪とする教皇アレクサンドル七世の教義表明へ署名を迫られたとき、修道女たちは真理とともにあったが、パリ大司教の側には強制力があり、暴力を行使した。ジャクリーヌ・パスカルは署名に反対し、はじめは妥協を拒んだ。ジャクリーヌは、アントワーヌ・アルノーに宛てた手紙において(2)、自分の詩才を葬った後でありながらも文体は失わなかったことを示すような警句を放った。「司教たちが修道女《フィーユ》の勇気しかお持ちでないのですから、修道女《フィーユ》たちのほうは司教なみの勇気を持つべきなのです[3]」（「アンジェリック・ド・サン・ジャンへのジャクリーヌ・ド・サント・ユーフェミー・パスカルからの手紙」）。とは言いながらも、ジャクリーヌは一六六一年六月に署名する覚悟を決め、それからほどなく、十月に亡くなった。真理に対して行使された暴力の犠牲者として[4]。

16

「体制上の偉さ、体制上の敬意」

こちらは、『パンセ』のなかでも非常に省略的だが重要な断章である。「体制上の偉さ、体制上の敬意」（ブ三一〇／セ六五〇）

体制と言えば、行政や司法の府、安定した機構、立派な身分のことである。体制には、力、権威、高い地位がある。体制を前にして、人は腰を低くし、敬意を払う。

「体制上の偉さ《グランドゥール》」という、パスカルならではの表現によってパスカルが指しているのは、家柄や社会的身分、儀礼を通じた昇任などによって認められた人の地位のことであり（普通はスペインの「大貴族《グラン》たち」のように言う）、体制上の敬意はその威光を享受している男性あるいは女性（ただし大概は男性）に対して払われるべきものである。旧体制下において、貴族および聖職者、高い身分と地位のある人々に対して第三身分〔平民〕が示した敬意のことなのである。

自作の算術機械を献呈するため一六四五年にセギエ大法官に宛てた手紙のなかで、パスカルは相手に「偉大なる閣下《ヴォートル・グランドゥール》」との呼び名を当てている。セギエを嫌っていたタルマン・デ・レオーは、セギエが大のお世辞好きで、「自分を偉大なる閣下と呼ばせた」最初の大法官だと指摘している。

「体制上の偉さ」についてのパスカルの考察は、政治的考察を記した『大貴族の身分についての講話』全三話のうちの第二話において、より幅広く展開されている。それら三話は、パスカル自身の執筆によるのではなく、友人のピエール・ニコルが一六七〇年に『君主の教育について』という論文のなかに収めて出版した。『パンセ』のなかでそれらの講話を予告する断章は、一六六〇年夏に書かれた可能性がある。ニコルは、ポール・ロワイヤルに近しいリュイーヌ公の息子、若きシュヴルーズ公に対してパスカルが与えた教訓を、忠実に書き取ったようだ。

世の中には二種類の偉さがあります。つまり、体制上の偉さと素質による偉さとがあるのです。体制上の偉さのほうは、人々の意志しだいで決まります。しかじかの身分は称賛され、しかじかの敬意を払われるべきと人々が正当な理由あって信じた場合に、存在するのです。(『大貴族の身分に関する講話』)

フランスでは、家柄や身分、年齢が称賛される。それは人々の意志による。人が敬意を表するのは、それが「相手に喜ばれたから」であって、「体制が確立する以前は、任意だった」。しかしながら、「体制が確立されて以後は、するべきことになった。というのも、ものごとを乱すのはまちがいであり」、公共の秩序をゆるがしかねない。だから、体制上の貴族たちの前ではお辞儀をしておこう、となるのだ。

「体制上の偉さ」に対して、パスカルは「素質による偉さ」を区別する。後者は恣意的なものではなく、「人々の空想には左右されません、なぜなら素質による偉さは、魂あるいは身体のもつ実際的な真の資質にあって、それらの資質は、学問や精神の光、美徳、健康、体力などのように、魂あるいは身体の価値をさらに高めるのです」。素質による偉さは、身体あるいは魂の偉大さであり、競技者や、学者、賢人の偉大さなのだ。

パスカルはどちらの偉さも認めるが、その違いにはこだわっている。

> 体制上の偉さに対しては、体制上の敬意、すなわち、ある種の外面的な礼儀正しさを示す義務があります［…］、ただし、そうした礼儀正しさは、私たちが敬意を表する相手に何らかの真の資質があると認めさせるものではありません。［…］しかし、高い評価からなる《素質への尊敬》については、私たちは素質による偉さに対してだけ示せばよいのです。（同上）

私は、相手が公爵であれば公爵に挨拶をしなければならず、それを正当なことと考えねばならないが、相手が高評価に値しないならば、高く評価する必要はない。体制上の偉さに対して果たすべき義務は、「外面的な義務」であり、低俗な精神の貴族がいる場合、その相手にふさわしい「内面的な軽蔑」とパスカルが呼ぶものを同時に抱くことができる。

二種類の偉さの区別は、パスカルが算術機械を紹介するためにスウェーデンのクリスティーナ女王に宛てた書簡において、一六五二年には早くも示唆されていた。

> ［…］私は、権力であっても知識であっても最高のレベルにまで達した方々に対して、特別な畏敬の念を抱いております。知識の最高位に昇られた方々も、私の思い違いでなければ、権力の最高位にある方々と同様に、王者とみなされうると思います。[2]（「パスカルからスウェーデン女王クリスティーナへ

の手紙」(一六五二年六月)

パスカルは精神における貴人、知性の貴族に敬服しており、謙虚さに心を向ける以前は、自分もまたその一員であることを誇りに思うことができた。「[…]両者の権威はいずれも、それ自体として偉くあるのです」(同上)。ただし、知的な偉さは、パスカルの目には、家柄による貴族より、名誉の点で勝っている。パスカルとロアネーズ公のあいだの友情、一貴族と一学者のあいだの友情は、ロアネーズ公が精神的貴族でもあったので、ひときわ誠実なものであった。

社会秩序に欠かせない正義は、体制上の偉さを敬うよう強いる。しかしパスカルは、パスカルらしい組み合わせ作りの思考によって、あらゆる可能性を探る。体制上の偉さに対して素質への敬意を表すのが不当になると同じく、体制上の敬意を素質による偉さに対して表すのも不当になるだろう。たとえば、ある学者に対し、その人が学者だからという理由で、私が身分の上では相手に勝っているのに、私が道を譲ること。私は相手が私以上に深い学識があると評価することはできるが、私が彼に道を譲ってはならない。

要するに、体制上の偉さに対しては体制上の敬意を、素質による偉さに対しては素質への評価を、ということだ。異なる秩序を混同しないようにしよう。学者の前で帽子を取らないようにしよう、またとりわけ、高評価に値しない貴族を高く評価しないようにしよう。その貴族の前でお辞儀をするにとどめよう。そしてまたパスカルが、フランス同輩衆〔フランス国王の直臣であり、国王の法廷において十二名の同輩によってしか裁かれない特権を有する〕の称号を持つ公爵の息子と語り合い、教訓を与えるのは、その息子がのちに敬意と評価の両方に値するようになるためであることを、忘れないようにしよう。

17
「逃げ去った思考《パンセ》」

『パンセ』には、注目すべき思考の技法、書く技法、読む技法がまるごとつまっている。人間研究と神学との余白に、私たち近代人の感性に響きうる短い省察が数多く隠されているのだ。

ひとりの著者の真意を理解するためには、相反するすべての章句を一致させなければならない。［…］すべての著者には、あらゆる相反する章句がそこで一致するような真意があるか、あるいは、真意など何もないかのどちらかである。（ブ六八四／セ二八九）

この断章には「矛盾」との題が付けられており、パスカルの念頭にあるのは、聖書と、聖書において自由思想家《リベルタン》を顰蹙《ひんしゅく》させかねない数多の「矛盾する部分」のことだ。パスカルは、古くから教父たち、とくに聖アウグスティヌスが取ってきた、解釈学的あるいは単に解釈のための原則を想起させる。諸矛盾の調和をはからねばならない、なぜならパスカル曰く、「イエス・キリストにおいてあらゆる矛盾は一致する」からである。パスカルは、その幾何学的精神によって、あらゆる著者および、聖書も含めたあらゆる書物に対して有効な、一貫性という解釈学的法則を迷わず適用する。
別のところでは、次のような一節が読者の目に飛び込んでくる。

> 逃げ去った思考《パンセ》。私はそれを書くところだったのだ。そのかわりに、私は「その思考《パンセ》が私から逃げ去った」と書く。（ブ三七〇／セ四五九）

ロラン・バルトは幾たびもこの文を引用している。なぜなら、これはバルト自身が思いつきそうな新たな規律、段階論 bathmologie〔ギリシア語の bathmos（段階）と -logie（論）を組み合わせたロラン・バルトによる造語〕あるいは「言語の段階的実施の研究」のよい例なのだ。忘れてしまった考えを書く代わりに、私は一段階飛ばし、その考えを忘れた、と書く。

パスカルのその考察は、次のような指摘のあとに来ていた。

> 偶然が思考《パンセ》を与え、偶然が思考《パンセ》を奪う。思考《パンセ》を保存する技法も、獲得する技法もない。

考えを意図的に得たり失われないようにしたりする技法。古い修辞学の部門〈創案《インウェンチオー》〉と〈記憶法《メモリア》〉がここには認められよう。十六、十七世紀の科学的方法論は、古代からルネサンスにかけて教えられていた記憶力の技法とは断絶している。記憶の技法は、観念の組み換えを通じて新たな学識を生み出し、新たな思考を形作る技法として推奨されていた。科学は、記憶力を操る専門家たちによる解釈的思弁を非難し、考えを忘れさせないための作為的な修辞の技巧を退けた。「真の雄弁は雄弁なしにすます」となれば、演説家は、もはや記憶力の建造物をくまなく歩き廻って、それぞれの部屋に置かれた観念や言葉を拾い集めることもないだろう。

それはまた、深い真実が記憶力の場ではなく心のなかに存するのであり、心は忘れたりしないということである。ある考えが逃れ去ったなら、その考えは重要なものではなく、その場限りのものだったのだ。それは偽物のよい考えだったということだ。

私の考え《パンセ》を書いているときに、ときとしてその考えが私から逃げ去っていく。しかしそのことは私が常に忘れるという弱点を思い出させてくれるのだ。そのことは、忘れてしまった考えと同じくらい私に教訓を与えてくれる。なぜなら、私は自分が虚無であると知ることだけが大切だと思っているからだ。(ブ三七二/セ五四〇)

よい考えが浮かび、よい表現のかたちを取ると、私は手帳に書き写したいと思う。ところが、書き留めようとする瞬間、私の頭からその考えは出ていってしまった。ただし、この忘却によって別の、より重要な思考《パンセ》が呼び起こされる。それは、私の悲惨、私の弱さ、あるいは私の虚無の認識であり、私がまさに忘れようとしていたものなのだ。思考《パンセ》を忘却したという体験が、ある種の反省的作用あるいは近代的な自己言及性によって、忘却についての思考《パンセ》を生む。

しかしながらパスカルの記憶力は伝説的だった。パスカルは、聖書を「ほとんどすべてそらで」知っていた、とジルベルトは報告している(1)(『パスカル氏の生涯』)。また、姪のマルグリット・ペリエによれば、「叔父は、自分が覚えておきたいと思ったことは何も忘れたことがないと言っていました」(『パスカルとその家族についての覚書き』)、あるいは友人のピエール・ニコルによれば、「ひとたび理性によって理解したこと」を忘れたことがないという（「パスカル讃」）。つまり、逃げ去った考えは重要なものではなかったということだ。

キリスト教の擁護をめざして、抜群の記憶力があるにもかかわらず、パスカルは自分の思考《パンセ》を大きな紙面に、順序を問わず、思い浮かぶのに任せて書き留めていた。あとからそれらを切り抜いて分類したので、『パンセ』は、いくらかは整理された備忘用の寄せ集めの態をなしている。パスカルが冒頭に置いた断章は、二部構成の大きな構想を描いている（〈創案《インウェンチオー》〉の次に大事なのは、〈配置《ディスポシチオー》〉、言説内容の順番である）。「第一部　神なき人間の悲惨。／第二部　神とともにある人間の至福」（ブ六〇／セ四〇）。

ポール・ロワイヤルの殿方は、この雑然とした状態に失望し、『パンセ［断想］』という簡素な書名のもとに刊行するほかなかったが、その後の編者たちのなかには、パスカルによって構想された護教論の正確な配置を再構成しようと試みる者もある。無理な話だ。天才だが不健康だったパスカルは、数多くの非凡な企てに取り組んだものの、結局ほとんどどれも完遂にいたらなかった。パスカルは次のように言っていた。

> ある作品を創るとき最後に見出すのは、最初に何を置くべきかを知るということだ。（ブ一九／セ七四〇）

それゆえ私たちは、パスカルの死後に実現された『パンセ』の未完成の写しで満足すべきなのだ。

18
「その者は天使でも、獣でもなく、人間である」

人間は、自分が獣に等しいとも天使に等しいとも考えてはならない。しかし、その双方に無知であってはならず、その双方を知らねばならぬ。（ブ四一八／セ一五四）

パスカルは、人間をへりくだらせ、おとしめ、みずからの悲惨に突き落とすことによって、護教論の口火を切る。しかし、それは結論ではない。人間は、悲惨と偉大のあいだに引き裂かれた中間的な存在なのだ。人間に対してみずからの悲惨をあからさまに突き付けた後で、今度はみずからの偉大さの名残について自覚させねばならない。そうすれば、人間は自分の条件全体を知ることになろう。

ここでもまた、パスカルは聖アウグスティヌスに従っている。聖アウグスティヌスにとって、〈普通ノ人間ハ天使ニ劣リ、家畜ニ勝ル〉、すなわち「人間は獣と天使の中間にいる」（『神の国』第九巻一三章）のであって、その天使自身も神と人のあいだの中間的存在である。

パスカルが熟知しているモンテーニュは、『エセー』の最終章「経験について」のなかで次のように書いていた。「彼らは、自分自身を抜け出したい、人であることから逃れたいと願う。狂気の沙汰だ。

天使に身を変えようとして、獣に身を変えてしまう。自分を高めようとして墜落するのだ」（第三巻、第一三章「経験について」）

人間は、同時に天使にして獣ではありえない。そのいずれでもないが、一方あるいは他方に等しい身となり、自分がそのいずれかであると思うことならできる。

ここに、パスカルの論証の基盤となる、二つの哲学の流派あるいは学派が認められる。エピクテートスに代表されるストア派と、モンテーニュに代表されるピュロン派あるいは懐疑派だ。『エピクテートスとモンテーニュについてのサシ氏との対話』[1]において引用されているこの論争は一六五八年になされたとみられ、それはちょうどパスカルがポール・ロワイヤルの友人たちに護教論の計画を明かしたとされる頃だが、その論争こそが『パンセ』の真の前提であった。

自分を天使に等しい存在にさせうると考えるストア派の特色は、高慢さである。獣と等しい身になりさがるピュロン派、そしてエピクロス派とおそらく自由思想家《リベルタン》の特色は、怠惰あるいは下劣さである。

一方の人々は情念を捨てて神になろうと欲し、他の人々は理性を捨ててけだものになろうと欲した。（ブ四一三／セ二九）

しかし、どちらの人々も、情念にしろ理性にしろ、完全に捨て去るには至らなかった。なぜなら、人間は決定的に中間的な存在だからである。

パスカルはこうも言う。妻と一人息子を亡くしたばかりのこの男が、賭けや狩りで気晴らしをし、「一羽の兎をとらえようと気もそぞろで、頭が一杯になっている」のを見て驚いてはならない。なぜなら「彼は結局のところひとりの人間にすぎない。すなわちごくわずかなことしかできなかったり、たくさんのことができたり、何でもできたり、何もできなかったりする人間にすぎない。天使でもなければ獣でもなく、人間である」(ブ一四〇／セ四五三)。ここで重要な語は「できる」だ。ごくわずかなことしかできないが、たくさんのこともできる、何もできないが、何でもできる。

パスカルは人間を打ちのめすが、持ち上げもする。なぜなら、人間には〔原罪以前の〕原初の性質の痕跡が残されているからだ。

人間の偉大さは、惨めであると自覚していることにおいて偉大なのだ。／樹木は自分が惨めであるとは思っていない。／したがって、惨めな自分を知るのは惨めであるが、自分が惨めであると知ることは偉大なのだ。(ブ三九七／セ一四六)

さらにその先へ行こう。矛盾する二つの選択肢、天使と獣、ストイシスムとピュロニスムは、結局同じところに戻る。パスカルは抜け目なく弁証法的手法を用い、またしても正と反の逆転、その止揚をおこなう。

人間は天使でも獣でもない。そして不幸にも、天使のふるまいをしようとすれば獣のふるまいをすることになるのだ。(ブ三五八／セ五五七)

この断章《パンセ》は道徳的格言として忘れがたい印象を刻むものであり、次のような内容として受け取られた。すなわち、高慢な人々はおとしめられよう、失墜はまさに高慢の報いなのだからと。

しかし、この命題は『パンセ』においては、とりわけ神学的な意味を持っている。天使にならんとするとはつまり、諸存在のヒエラルキーのなかでより上位の性質を得たがるということだ。原罪を気にかけない人間は、そのうぬぼれによってさらに神から離れ、それによっていっそう格下げされ、獣に近づく。人間が自分の悲惨に目をつぶり、自分の二重性の矛盾を無視して自分の偉大さしか認めないのであれば、さらに惨めな存在となってしまう。このようなわけで、神の支配を逃れんとして、「今日では、人間は獣と似たものとなってしまった」（ブ四三〇／セ一八二）

選択肢のもう一方もましとは言えない。なぜなら、ピュロン派とエピキュリアンたちは、

> このような思い上がりの空虚さをみてとって、きみたちの本性は獣たちの本性と同じであるときみたちに理解させることによって、きみたちをもう一つの断崖へと突き落とし、動物たちに割り当てられた邪欲のうちにみずからの幸福を求めるようにさせたのである。（同上）

人間にとって唯一の活路は、自分の悲惨と偉大とを同時に知ることであり、自分の本性を定める矛盾を、ニコラウス・クザーヌス〔十五世紀ドイツの神学者・哲学者。神を矛盾的統一と捉えた〕による〈対立スル物ノ一致〉の伝統に沿って、知ることである。パスカルがこう想起させるように。

〔…〕それぞれの真理を認めたあとに、それとは相反する真理が想起されると付言せねばならぬ。（ブ五六七／セ四七九）

19 リベルタン①

「キリスト教の擁護」の唯一の目的は、敵対者というより話し相手である読者を回心させることである。リベルタン（ただしこの語は『パンセ』には出てこない）すなわち、パスカルがいわゆる「社交人の時代」を通して付き合った、シュヴァリエ・ド・メレやダミアン・ミトン（その名は『パンセ』に三度登場する）といった友人のいる社会階層に宛てて書かれているのだ。パスカルは対人論法《アド・ホミネム》〔相手の感情、利益、偏見、矛盾などに訴える論法〕を用いている。リベルタンの受け入れている仮説から出発し、彼らが当初は拒んでいた結論まで連れて行くという論法だ。

だが、気を付けよう！ リベルタンとは、パスカルの時代には、今日の私たちが意味するような、自由乱脈な素行の持ち主ではなく、思想が自由であって教理《ドグマ》の制約にとらわれずに思考する人を意味する。自由思想家《リーブル・パンサー》、理神論者、無神論者、あるいは宗教に無関心な人のことだ。リベルタンにとって、様々な自由のなかでもっとも重要なのが、良心の自由、キリスト教の信仰や道徳に対する思考の自立性なのだ。

メレやミトンは社交界の人間であり、教養ある礼節《オネットテ》、すなわち自分が幸せでありつつ自分を取り巻く人々も幸せにする作法を、実践するだけでなく理論化もする「完成された紳士《オネットム》」である。彼らはパスカルとともに、『パンセ』の前提「われわれは幸福を求める」（ブ四三七／セ二〇）という考えを共有している。

パスカルは、自由思想には広く知を求める側面があり、教理にとってより危険であるという点にはあまり関心を寄せない。批判的精神を操る碩学《せきがく》の士たち（ポンポナッツィ〔イタリア・ルネサンス期の哲学者。『霊魂不滅論』で論争を呼ぶ〕、ノーデ〔マザラン図書館の基礎を築いた十七世紀フランスの学者〕）は、歴史と哲学の名において、受肉、三位一体、聖体といったキリスト教の真理に対し異議を唱えている。パスカルは、せいぜい、前アダム説〔アダム以前にも人間が存在していたとする説〕支持者たちの仮説（ブ六五一／セ四七八）や中国の年代学（ブ五九三／セ六六三）[2]に言及したり、キリストの系図についての福音書間の矛盾（ブ五七八／セ二六八）を示唆したり、あるいは無神論者たちの反論を要約するにとどまる。

> 彼らはどのような理由によって、人は復活などできないと言うのだろうか？　生まれることと復活することのどちらがより困難か？　かつて存在しなかったものが存在することか、それとも存在したものがもう一度存在することか？　ふたたび存在へと戻ることよりも存在しはじめることの方がより困難ではないか？　習慣によってわれわれは一方を容易だと考え、習慣のないことで他方をありえないと考えるのだ。民衆の判断の仕方。／処女はなぜ子供を産めないのか？　めんどりはおんどりなしで卵を生むではないか？　一方の卵と他方の卵は外から見たとき何が違うのか？　そしてめんどりがおんどりのように卵の中に胚を形成することができないと誰がわれわれに言ったのか？（ブ二二二／セ四四四）

社交界の人々との会話は、より激しさを帯びたものとなる。

自我とは憎むべきものである。ミトン、きみは自我を覆い隠している。そのようにしても自我を捨てているわけではまったくない。それゆえ、きみはやはり憎むべきものなのだ。（ブ四五五／セ四九四）

パスカルはここで、自由思想家である友人と想像上の対話をはじめる。相手が自己愛を本当の意味で放棄せず、愛他主義の見せかけの下に隠すだけで満足していると責め立てる。礼節《オネットテ》はたしかに自我をひけらかすことを禁じているが、自己愛の有害な効果を弱めることはできない、と。

対話はなおも続き、ミトンはパスカルに答える。「そんなことはまったくない。なぜならわれわれがしているように誰に対しても親切にふるまっていれば、われわれを憎むべき理由はなくなるのだから」だがこのような抗弁はパスカルにとっては十分ではない。

それはそうだ、もし自我からわれわれにもたらされる不快さだけを、自我のうちに憎むのであれば。／けれども、もし自我そのものが公正を欠き、すべてのものの中心となるがゆえに私が自我を憎むのであれば、私はあいかわらず自我を憎むだろう。（同上）

たとえ礼節をわきまえたリベルタンの自我が横暴ではなく、他者を意のままに従えようとはせずとも、自我は公正を欠くがゆえに、憎むべきものであり続ける。なぜなら、自己愛は原罪に由来しており、キリスト教的な徳によってしか根絶しえないことを、自我は知らぬふりをしているからだ。「ミトンは、人間は本性が腐敗していて誠実さ《オネットテ》に反する存在だとよく分かっている」とパスカルはなおも書いている。「それなのにミトンは、なぜ人間たちがより高く飛翔できないのか、その理由を知らない」（ブ四四八／セ五二九 bis）

人間たちがより高く飛翔できないのは、天使ではなく失墜した被造物だからだ。「［…］人間の心は虚ろで汚辱にみちている」（ブ一四三／セ一七二）、とパスカルは説明する。だから礼節《オネットテ》ではどうにもならず、何かなしうるのはただ神だけなのだと。

「ミトンに対し、まったく動こうとしない点を責めること」（ブ一九二／セ四三二）。それこそが護教論の目的である。ミトンが動かずにおれないようにすること、神を否定し不信心だが放蕩者ではないような、リベルタンたる「完成された紳士《オネットム》」の心を手荒く揺さぶることが重要なのだ。決疑論者の引用を満載した棘《とげ》だらけの『プロヴァンシアル』とはまったく別の言語で、パスカルはミトンに話しかけている。パスカルはリベルタンたる「完成された紳士《オネットム》」としての自分自身の言語で相手に話しているのであり、だからこそ、この山積みの草稿を前にがっかりしたポール・ロワイヤルの人々の意を越えて、『パンセ』は三世紀以上にわたり成功を博してきたのだ。

20
「歓喜、歓喜、歓喜、歓喜の涙」

パスカルの死後、注意深く折りたたまれた一枚の羊皮紙がパスカルの胴衣の裏地に縫い込まれているのを使用人が発見し、ジルベルト・パスカルに手渡した。「念入りに、実に見事な字で書かれたこの羊皮紙」は、パスカルが肌身離さず持っていた「一種の覚え書き《メモリアル》」であって、一六五四年十一月二十三日の夜に起きた霊的体験を詳しく語るものであることを、家族は理解した（「ペリエ家のピエール・ゲリエによる解説[1]」）。いったい何がそのときパスカルに起きたのか？ 何かの幻視か、出現か、恍惚境か、神秘的法悦か？ こうした言葉は気を付けて使いたい。しかし、パスカルのポール・ロワイヤルへの決定的な回心は、これに続いて生じたのだ。

父の死後、パスカルが一六五一年十月に姉のジルベルトと義兄宛に書いた慰めの手紙は、すでにアウグスティヌス主義に親しんでいる様子をうかがわせていた。妹のジャクリーヌは一六五二年一月には早くもパスカルのもとを離れてポール・ロワイヤルの修道女となっていたが、それに続く二年のあいだ、パスカルはロアネーズ公やリベルタンのメレ、ミトンたちとの付き合いや、物理学や数学の様々な計画に日々を費やし、そのなかには、友人メレに対し賭け事を通して投げかけられた諸問題を解くための

「偶然の幾何学」の考案も入る。しかしながらジャクリーヌは、パスカルの社交界からの離脱の始まりを一六五三年の秋としている。ジルベルトに対し一六五四年十二月八日の手紙で次のように打ち明けているのだ。「私たちにとって大切なあの人のうちで神がなされている御業について、もはやこれ以上あなたがご存じないままではすまされません」。パスカルは「もう一年以上も前から、社交界への大いなる軽蔑の念と、そこにいるすべての人に対する耐え難いほどの嫌悪」を覚えているという[2](「パスカルの回心についてのジャクリーヌの手紙」)。

　次いで、急激な回心があった。ジャクリーヌは一六五五年一月十九日、兄に宛てて歯に衣着せぬ調子でこう書いている。「[…]神がお兄様にそのような恩寵を与えられたとは驚きです。私の目にはどう見ても、お兄様は、かつてあれほどいそいそと両手を広げて浸りに行っておられた〔社交界という〕泥沼の臭いに、まだしばらくは悩まされてもしかたないといったご様子でしたから[3]」(同上)

　次いで、一六五五年一月二十五日のジルベルト宛の手紙では、一六五四年九月の兄の訪問について詳細を述べている。「[…]お兄様は、私に憐れを催させるほどのやつれたご様子で心のうちを開かれ、私に打ち明けなさったのです。様々に大きなお仕事をなさっているさなかで、社交界を愛するようご自分にしむけてくるあらゆる事柄があり、そうした事柄にご自分がひどく執着していると人が思って当然であるのに、自分はそれらすべてから離れたいとの強い思いに駆られている、と。それは、社交界の愚かしさや楽しみに対し極めて激しい嫌悪を覚え、また良心に絶えず責め立てられるためであって、その結果、かつて経験したことがなく、似たような経験も一切なかったほど、あらゆる事柄に関心を失ってしまった自覚はあるのだ、と。それなのに、神の方からはそもそもまったく見捨てられた状態にあり、神の方へご自分が惹きつけられる気配も一切ないというのでした[4]」(同上)

社交界への嫌悪はあっても神へは惹きつけられず、見捨てられているとの気持ちが、当時のパスカルの状態を表している。その解決は速やかだった。神の不在という空所に、心が感じ取る神の、現存の火が燃え立ったのだ。

ジャクリーヌとジルベルトは、兄(弟)の回心を確認することになるが、一六五四年十一月二十三日の事件は彼女たちには明かされない。ふたりはパスカルの社交人としての生活の終わりを画した「火の夜」については何も知らないままでいるだろう。それはまたパスカルが抱いていた結婚や仕事の計画、科学的名声の夢の終わりであり、パスカルが一六六〇年に『病の善用を神に求める祈り』において述べるような「社交界への心地よくも罪にまみれた出入り[5]」の終わりでもあった。

この回心は、賭けとは何ら関係がなく[6]、瞑想に続いて生じる霊的体験に類似している。十八世紀には、合理主義者たちがこれを幻覚とみなし、コンドルセにいたっては「精神錯乱」とまで呼ぶことになるが、回心の「メモリアル」の言葉遣いは、平安、歓喜、穏やかさを映し出している[7](セ七四二)。

火

夜の十時半頃から深夜零時半頃までのあいだ。

[…]

確信、確信、感情、歓喜、平安。

「火」が指し示すと思われる神秘的な現象に続いて、励まされる気持ちが恐れや不安を圧倒している。

神を除いて、現世と、すべてを忘れ去ること。

神は福音書のうちに教え示された道によってしか見出されない。

　人間の魂の偉大さ。

正しい父よ、世はあなたをまったく知らなかったが、私はあなたを知った。

歓喜、歓喜、歓喜、歓喜の涙。


そして最後に、「全面的かつ甘美な放棄」。

「メモリアル」が確信、信頼、愛情、慰めを表現するのは、不在の神が心に現存を感じさせたからこそである。注釈者のなかには、ここに神秘家のというより苦行者の体験を見る方を好む者もある。「メモリアル」は、聖書からの引用をいくつも含んでいる。火は心と精神に同時に現れているのであり、理性は放逐されてはいない。

しかしながら、歓喜がすべてを覆っている。『パンセ』にみなぎる恐怖や不安はパスカルの自己像というより劇的効果を狙ったものであり、リベルタンの心を揺さぶらんがためのものであるということを、この歓喜が立証している。

21 パスカルの方法

パスカルの方法は大抵いつも同じだ。相反する二つの主張を紹介し、両方とも間違いであることを示して、両者を越える第三の主張を提案する。その際、先の二つの主張を組み合わせ、それぞれの正しい点は残し、間違っている部分を切り捨てる。あるいはまた、より多くの矛盾をはらみながらもさらに強引に、相反する主張の両方とも正しいと肯定し、対立物の一致という名のもとに両者を維持するのだ。『パンセ』にとってと同様『プロヴァンシアル』にとっても鍵となる『恩寵文書』[1]において、この手法は焦点化された。

一方で、カルヴァン派は主張する。神は人間たちを創造された際、いかなる功徳や罪過の見通しも立てられる以前に、人間たちの一部を救済し残りは地獄に落とす意志を持たれたのだ、と。これぞ絶対的な救霊予定説《プレデスティナシオン》である。他方で、イエズス会士あるいはモリナ派は提唱する。神はあらゆる人間を救済するという、条件付きではあるが全体としての公平な意志をお持ちであり、それは人間たちがみずから救済を望むためであって、すべての人間に対して与えられた十分な恩寵を通して、救済を望むかあるいは望まないかの心がけを、人間の自由意思に託しておられるのだ、と[2](『恩寵文書』)。

パスカルは、カルヴァン派の見解は、それが残酷な神を想定しているがゆえに、ぞっとするような耐え難いものであるとし、またモリナ派の見解は、それが自由な人間たちを想定しているがゆえに、甘く心地よく魅惑的だと判断する。どちらの主張も、極端であり間違っているのだ。両者のあいだにある正しい見解は聖アウグスティヌスの見解であり、それは「カルヴァンの見解ほど残酷でなく、モリナの見解ほど甘くもない(3)」(同上)のであって、双方の主張の組み合わせからなっている。

[…]モリナ派は、予定される救霊も永罰《レプロバシオン》も人間の側の功徳と罪の展望によって定まると主張する。／カルヴァン派は予定される救霊も永罰も神の絶対的な意志によって定まっていると主張する。そして教会は、予定される救霊は神の意志に由来し、永罰は罪の展望に由来すると主張する。(4)(同上)

あるいはまた、「モリナ派は人間の意志を、救いおよび劫罰〔地獄落ちの罰〕の源としている」、「カルヴァン派は神の意志を、救いおよび劫罰の源としている」、そして「教会は、神の意志を救いの源とし、人間の意志を劫罰の源とする」(同上)

かくして、恩寵についてのアウグスティヌスによる真の教義はジャンセニストたちに受け継がれ、私たちの運命は予定されており、なおかつ私たちは自由であるという、二つの相反する真実の一致として提示される。しかし、この解決法は論理と神秘を備えているものとして、ややこじつけ的で、決疑論的とさえいえはしまいか？　それにパスカルは、ポール・ロワイヤルの主張が教会の教理と同一であると論証しえたのだろうか？

類似した手法は、「この世でもっとも名高い二つの学派のもっとも著名な守護者」である『エピクテートスとモンテーニュについてのサシ氏との対話』のなかで、自然哲学について論じる際にも取られている[5]（同上）。一方で、エピクテートスとストア派は人間の偉大にこだわっている。他方で、モンテーニュと懐疑主義者たち、もしくはピュロン派は人間の弱さを指摘する。一方の学派は思い上がりをあからさまにし、他方の学派は無頓着へ行きつくような懐疑を示す。この袋小路を抜け出すために、パスカルは双方を分解し、それぞれの良い部分を取り出す。

［…］これら両学派の間違いの源は、現時点での人間の状態が創造された時の状態とは異なっているということを知らないところにある。その結果、一方の派は、人間の当初の偉大さの痕跡に注目しながらその〔後の原罪による〕腐敗を顧みず、人の本性を償い主の必要などない健全なものとして扱うため、傲慢さの極みにいたるのである。ところが、他方の派は、現在の悲惨を実感しながら当初の誇りを顧みず、人の本性を必然的に不具で償いがたいものとして扱うため、真の善には達しえないという絶望に落ち込み、はなはだしい無気力にいたるのだ。／かくして、現時点と創造時とでの人間の二つの状態は、真理全体を理解するには両方合わせて認識されねばならなかったのだが、別々に認識されるがゆえに、必然的に傲慢さと怠惰という二つの悪徳のうちのいずれかに人を至らしめる。恩寵を得る以前の人間は、みな確実にいずれかの悪徳に陥っている。無気力ゆえに放蕩にふけるか、あるいは、放蕩しない場合には、自律を誇る虚栄心に満たされているからである[6]。

人間について一方の人々の認める偉大さと、他方の人々が説明する悲惨さとを組み合わせることで、傲慢さも怠惰も未然に防げるだろう。

つまり、一方が人間の義務を知りながらその無力を知らず、思い上がりに身を滅ぼすのも、他方が人間の無力を知りながら義務を知らず、怠惰に身を持ち崩すのも、これらの不十分な光によるのである。[7]（同上）

のちに『パンセ』に見られる方法および人間の二重の条件という考え方の手ほどきとして、これ以上のものはなかろう。ストア派とピュロン派とを背中合わせにまとめて追い払うのだ。

だから、思い上がった者よ、きみがきみ自身に対していかなる逆説であるかを知りたまえ。へりくだれ、無能力な理性よ！　だまれ、愚かな本性よ！　人間は人間を無限に超越することを知りたまえ、そして、きみが知らない真の自分の条件を、きみの創造主から聞かせてもらいたまえ。／神の言葉に耳を傾けよ。（ブ四三四／セ一六四）

これ以上に見事な弁証法があろうか。マルクス主義者たちの感嘆を理解できよう。

22

「崇高なる人間嫌い」

啓蒙時代の人々はパスカルに困惑させられた。一方では、真空の存在を証明し確率計算を発案した科学的天才パスカルに対して、彼らは敬意を表していた。他方では、奇蹟を信じ、有効な恩寵の必要性を理論化し、ポール・ロワイヤルの厳格主義道徳を擁護した時代遅れの信心家パスカルを、彼らは非難していた。パスカルは気が変になったのだという仮説を立て、彼らはどうにか折り合いをつけていた。

ヴォルテールは一七四一年に次のように書いている。「パスカルはつねに、自分の座っている椅子の脇に奈落が見えると思い込んでいました。その点について私たちはよくよく想像しておくべきではないでしょうか？［…］憂鬱に襲われて、晩年のパスカルの理性は変調をきたしたのです［…］。パスカルほど繊細な気質と陰鬱な想像力を備えた人間が、養生の悪かったせいで脳の諸器官を損なうにいたったとしても、結局のところ驚くに当たりませんね」（グラーヴサンド氏への手紙、一七四一年六月一日）。しかし、パスカルが自分の左側にあると想像したという深い穴の伝説は一七三七年以前には言及されておらず、死後かなり経ってから現れたものだ（「ボワロー神父の手紙より抜粋」）。

十八世紀の自由思想家たちは、パスカルがヌイィ橋上での四輪馬車の事故後に苦しんだとされるトラウマを根拠とした。馬たちが暴れてセーヌ川に飛び出してしまい、馬車は虚空に宙づりとなって、パスカルは自分の死が迫るのを目前にし恐怖に駆られたというのだ。これに続く精神の変調が、「火の夜」の幻視を引き起こしたのであり、パスカルに「完全な孤独を生きる」決心をさせたのだろうとした(「パスカル氏の生涯についての回想録より抜粋」)。だがこの物語は一七四〇年になって、都合よく出てきたものにすぎない。

十八世紀の思想家コンドルセにとっては、『パンセ』に収められた多くの断章は、常軌を逸しているばかりか精神錯乱とすらいえる徴候の見られるものである。物理学と数学を放棄したパスカルが幻視家になってしまったと彼は考えた。そしてヴォルテールはコンドルセに一七七六年に次のように書いた。「とすると、このブレーズ君は、極度の知的能力がありつつ極度の精神異常に紙一重だったというのか？　それは知っておいて損はないね、そこから尋常ではない結論をいろいろ引き出せるからね」。ヴォルテールは一七三四年の時点で早くも『哲学書簡』第二十五信で、次のように断言していた。「私はこの崇高なる人間嫌いに逆らい、あえて人類の味方をしたい」

深い穴とヌイィの事故のおかげで、科学者パスカルの名誉を守り、信者パスカルに非ありとすることができたのだ。コンドルセは、一七七六年に『パンセ』の自分の版を出し、そこでは一七四〇年に初めて公開された回心の「メモリアル」を「盲信的護符」と呼ぶまでになった。

ジルベルト・パスカルによる『パスカル氏の生涯』が、パスカルの健康悪化という伝説の元になっていた。「弟には、ほかのさまざまな不調のなかでも、液状のものを温かくしないと呑みこめないという困難がありました。さらに、一滴ずつでないと呑みこめなかったのです。[…]　これに加えて耐え難い頭の痛みや、臓腑が焼けるような感覚、他にもたくさんの病苦を抱えていました[1]」(『パスカル氏の生涯』

第一稿)

姪のマルグリット・ペリエが、十八世紀初頭のものと推定される「回想録」においてパスカル不健康神話を仕上げた。生後一歳にしてパスカルは重病を患った、と彼女は語る。水を目にするのは耐えられず、「自分の父と母が互いに近くにいるのを」目にするのも耐えられなかったという。次いで、「パリの人が《監獄に入ったような病気》と呼ぶ症状に類似した衰弱状態」へ陥り、あまりに衰弱がはなはだしかったため、ある晩など、もう亡くなったも同然と思われたほどだった。ブレーズは一家と付き合いのあったある女性によって呪いをかけられたとみられ、その女性はエチエンヌ・パスカルに責め立てられて、呪いを一匹の猫へと移すことに同意したらしい。このエピソードには驚かされる。ブレーズの父は理性的な法学者であり数学者だったではないか。もしこの話が本当ならば、科学と迷信はこの開明的な人物のなかで共存していたことになる[2]（マルグリット・ペリエ『パスカルとその家族に関する覚書き』）。

パスカルがいかなる病のために三十九歳にして亡くなったのかは――癌か結核か――よく分かっていないし、ジャクリーヌが三十六歳で亡くなった原因も不明だ。啓蒙主義者たちの時代が去ると、病を患い、痛みに耐え、苦悩する、悲劇的な天才パスカルが、ロマン主義によって名誉を回復した。合理主義的自由思想家であるサント＝ブーヴだけが、パスカルの科学的および文学的著作への病気の影響に疑問を呈した。

「パスカルが神経性の特異な不調に度々見舞われたとか、それらが彼の気分や思考に影響を与えたとかいうことを否定するつもりはないが、これだけ年月が経っている上、伝えられた情報の状態からしても、人の言うような、いかなる「診断」もその点について確言すべきではないと私たちは強く主張する。逆に私たちにとって明白と思われるのは、実際にパスカルが神経をそれほど病んでいると見えても、最後まで道徳的意識および思考能力は無傷なままだったということだ。それ以外のことは私たちには分からない」（『ポール・ロワイヤル』、一八四八年）

ただしサント＝ブーヴは、「聖なる棘」の奇蹟[3]に対してはヴォルテールやコンドルセと同じ懐疑的態度を保った。その奇蹟とは、一六五六年にマルグリット・ペリエを癒し、ポール・ロワイヤルの正当性を明らかにし、ついで奇蹟論としての『パンセ』の最初の計画にパスカルを着手させたとする奇蹟のことである。

23
「気晴らしのない国王」

「気晴らし」は、『パンセ』の冒頭においてパスカルが開陳する人間学の主要な概念の一つである。この語は、暇な時間の諸活動、つまり「趣味」という、今日の私たちにとってのありきたりな意味ではなく、はるかに深刻で、なおかつパスカルにおいてしばしば見られるような逆説的な意味で用いられている。気晴らし《ディヴェルティスマン》 divertissement とは、人間にとって人生の悲惨から目を背ける――語の本来の意味において気をそらす《ス・ディヴェルティール》 se divertir ――ための手段であり、自分の存在条件が虚しいものでしかないことをありのままに認めず、倦怠《アンニュイ》と不安《アンキエチュード》を見ないふりをするための手段なのだ。なお、倦怠と不安という非常に雄弁な二つの語は、胸を締めつける深刻な苦悩として理解すべきである。気晴らしとは、神という真理の探求を妨げるものすべてであり、パスカルがこれほどにこだわるのは、自分の護教論の計画に抗して気晴らしが築く障壁を蹴散らさなければならないからだ。

「人間たちは死、悲惨、無知から逃れることができなかったので、幸福になるためにそれらについて考えないことにしたのである」(ブ一六八/セ一六六)と、『パンセ』の「気晴らし」の綴り《リアス》にある一断章は述べている。あるいはまた、「気晴らしのないひとりの王は、悲惨にみちたひとりの人間である」(ブ一四二／セ一六九）、この表現から、ジャン・ジオノの最良の小説のうちの一作のタイトルが生まれることになる。(1) 気晴らしこそが、私たちの世界についての真実を見えないようにしてくれるのだが、その世界をパスカルは牢獄として、私たちが逃げ出したいと願うような恐ろしい独房として、描いてみせる。ところで、これは逆説なのだ。

ときおり、人間たちのさまざまな活動を、そして宮廷や戦争で彼らが直面する危険や労苦を考えてみたときに、また、どこからこのような多くの争いや情念や、大胆でしばしば不幸な結果に終わる企てが生まれるのかを考えてみたときに、私はしばしば次のように言ったものである。人間たちのすべての不幸はただ一つのこと、すなわち、部屋のなかでじっとしていられないことから生じるのだ、と。

（ブ一三九／セ一六八）

そうだとも、隠居し、活動を止め、休息するのがよかろう。これぞ古代の知恵の求めた理想だった。だが違うのだ、「背後の思考」が私たちに思い出させるのは、長期休暇あるいは隠居生活ほど、頭痛を引き起こし居心地を悪くさせるものはないということだ。私たちが活動を止めるや、私たちは自分の存在条件に直面させられてしまう。

［…］さらによく考えてみて、われわれのすべての不幸の原因を見出したのちにそれらの原因の理由がなんであるかを発見しようと思ったとき、私ははっきりとそうだと言える一つの理由を見出した。その理由というのは、弱くていずれは死ななければならないというわれわれの条件による生来の不幸

であり、この条件はあまりに悲惨であるため、これをよく考えてみるならば、何ものもわれわれを慰めようがなくなる。（同上）

それゆえ、私たちはせわしなく動き回る。パスカルはここでもまた、「結果の理由」によって処理をする。人間観察家《モラリスト》としての最初の説明では浅すぎた。隠居生活は平穏を与えてはくれず、探し求めた幸福の代わりに苦悩を与える。戦争や賭け、あるいは狩りといった典型が示している人間の騒々しい活動は、私たちが自分の運命を逃れていると感じるために必要なものとして説明がつく。

国王ですら幸せではない。

もしその王が気をそらすことができず、自分のことを見つめさせられ、自分が何であるかについて熟考せざるをえないとすれば、この幸福な状態は悩み多きものになって、気持ちを完全に落ち込ませてしまうだろう。必然的に、王は自分を脅かす未来、起こりうる反乱、最後には避けることのできない死や病気のことを考えざるをえないであろう。したがって、気をそらすことと通常言われているものがないならば、王はたちまち不幸になり、臣下のもっとも身分の低い者で、遊んで気をそらしている者よりも、もっと不幸になってしまう。（同上）

気晴らしは、いたるところにある。それは国王も農民をも魅了する。

そこから、賭事や女性との交際、戦争、高い官職がこれほど求められることになる。そこに実際に幸福が存在するのではないし、賭で得られるお金や、狩猟で追っている兎を手に入れることが本当の至福だと人が想像しているわけではない。もしそれがただで与えられるならば、人は欲しいとは思わないであろう。人が求めているのは、目の前にある、この狩猟の獲物、ぐんにゃりとして動かなくなっていてわれわれの不幸なあり方を考えさせるものではないし、戦争の危険でもなく、官職の労苦でもない。求めているのは、われわれの不幸な状態を考えないように気をそらしてくれる活動なのである。（同上）

つまり、気晴らしには馬鹿げた点など何もない。道理にかなってさえいる。なぜなら、気晴らしなしでは人生は耐えがたいだろうから。しかし、気晴らしは新たに絶えず繰り返されねばならない。

見よ、「この男性を。一人息子を失ってまだ数か月も経っていない上、訴訟や係争がのしかかり、今朝はあれほど心を乱されていた」、それなのに、「今はもうそれらのことを考えていない」。というのも、この男は、

猟犬たちが六時間前から必死に駆り立てているあの猪がどこに行くかを見ようとして、心がいっぱいになっているのである。これだけで充分なのだ。人間というものはどれほど悲しみに打ちひしがれていても、何かの形で気をそらすよう誘い込まれれば、すぐさまその間は幸福になってしまう。［…］気晴らしがなければ、喜びはまったく存在しない。気をそらすことがありさえすれば、悲しみはまったく存在しない。（同上。参考ブ一四〇／セ四五三）

ヴォルテールは『哲学書簡』のなかで、この男は間違っておらず、「見事にやってのけている」と述べるだろう。本人が知ってか知らずかはともかく、「気を紛らすことは苦悩に対して、キナ皮が熱に効く以上に、確かな治療法である。私たちに対してつねに必要なものを用意をしてくれている自然を、そのことで非難しないようにしよう[2]」。

24 三つの秩序

パスカルは、さまざまな区別や分類や段階分けを好む。自作の算術機械に添えて一六五二年にスウェーデン女王クリスティーナに宛てた書簡では、この世における二つの秩序、身体の秩序と精神の秩序とを区別している。身体の秩序における支配者が存在するが、それは権力を行使する男性や女性たちのことだ。精神の秩序における支配者も存在し、それは学問を修める男性や女性たちのことだ。だが、「精神の方が身体より高度な秩序に属する」のであり、スウェーデン女王クリスティーナは「神聖なるお人柄のうちに［…］支配者の権威と確固たる学問を併せ持っておられる」(1)（「パスカルからスウェーデン女王クリスティーナへの手紙」）

『パンセ』では、諸秩序は三つに数えられることになる。身体、精神、愛徳《シャリテ》、すなわち物質的あるいは肉的秩序、知的秩序、霊的秩序である。ジャン・メナールによれば、この三組がパスカルの思考の基盤となっている。

身体から精神への無限の距離は、精神から神の愛《シャリテ》への果てしなくさらに無限の距離を表徴する。なぜならば、神の愛は自然を超えているからである。／高貴な身分がもつすべての輝かしさは、精神の探求にたずさわる人々にとってはなんの光ももたない。／精神的な人々の偉大さは、国王、富豪、将官、これらすべての肉的偉人には見えない。／知恵の偉大さは、神から来るのでなければ無に等しく、肉的な人々にも精神的な人々にも見えない。これらは種類のちがう三つの異なる秩序である。（ブ七九三／セ三三九）

つまり、この世には互いに還元されない現実の三つの秩序が存在する。肉の秩序はあらゆる形態の力を含む。肉において偉大な人々とは、王侯、戦の指揮官、富豪だ。精神の秩序に属すのは、学者、発明家、創作家であり、例としてパスカルはアルキメデスを挙げる。最後にくる愛徳《シャリテ》の秩序は、神の秩序である。一つの秩序から他の秩序への断絶は越えがたい。精神において偉大な人々は肉における偉大さに対して何も感じず、その逆もしかりである。そして人間は自力では、三番目の秩序、愛徳の秩序に達することはできない。

偉大な天才たちは、自分たちの帝国、輝き、偉大さ、勝利、そして自分たちの光をもっていて、肉的な偉大さをまったく必要としない。偉大な天才たちは、肉的な偉大となんの関係ももたないのである。彼らは肉眼によって見られるのではなく、精神によって見られるのであり、それで充分なのだ。／聖人たちは、自分たちの帝国、輝き、勝利、光をもち、そして肉的あるいは精神的な偉大さをまったく必要としない。それらの偉大さは、聖人たちとはなんの関係ももたない。というのは、それらの偉大さは聖人たちに加えるところも減ずるところもないからである。聖人たちは神と天使たちによっ

て見られるのであって、身体や探求的精神によって見られるのではない。彼らにとっては神のみで充分なのだ。（同上）

三つの秩序のあいだでは、たがいの境界と不均衡とは絶対的だ。一つの秩序の偉大さは、より高次の秩序においては何も意味しない。低次の秩序は高次の秩序について何も理解できない。そして、最初の二つの秩序（肉と精神）と第三の秩序（愛徳）とのあいだには「果てしなく《アンフィニマン》、無限《アンフィニ》」の距離がある。

しかし三つの秩序は同一の構造を持っており、それぞれにそれぞれの偉大さがある。したがって、低次の秩序は高次の秩序を理解しえず、達することもできないにしても、高次の秩序がどのようなものか思い描くことはできる。身体は精神を尊重しうるし、精神は愛徳に属すものを多少なりとも想像することはできる。身体から精神までの距離は、精神から愛徳までの距離を「表徴《フィギュール》する」とパスカルはいう。「表徴《フィギュール》」の語は重要だ。幾何学的な意味〔図形〕があり、また神学的な意味〔旧約聖書の人物・出来事が新約聖書の内容を象徴的に表すこと〕もある。『パンセ』の神学的部分の多くの断章に「表徴《フィギュール》」の題が付けられていて、そのうちの多くが旧約聖書と新約聖書の関係を対象とした「律法が表徴的であったこと」という綴り《リアス》のなかにまとめられている。旧約聖書が新約聖書を予告するように、身体から精神への距離は、精神から愛徳への距離を「表徴的」に示している。たとえこの後者の距離が、前者の距離より「果てしなく無限」なものだとしても。

最後に、これら三秩序に信仰の三形態が対応する。身体による信仰、精神による信仰、愛徳による信仰だが、愛徳による信仰のみが霊感を受けている。

信じるための三つの手段がある。理性、習慣、霊感である。根拠《レゾン》をもつ唯一の宗教であるキリスト教は、霊感なしに信ずる人々を真の信徒とは認めない。キリスト教が理性と習慣を排除するということではない。その反対である。自分の精神を証拠に向かって開き、その姿勢を習慣によって堅く守らねばならないが、謙遜な態度によって霊感へと自分を差し出さねばならない。霊感のみが、救いを約束する本当の結果をもたらすことができるのである。（ブ二四五／セ六五五）

回心の最初の二つの道である習慣と理性とは、自然なものであり、人間がみずから辿ることができる。しかしそれらは二次的な動因だ。恩寵による霊感こそが第一の動因、信仰への心の内的な動きであって、超自然のものである。

たとえ諸秩序に共通の尺度がないとしても、パスカルにとって諸秩序間の表徴的な関係を維持することが重要であるのに変わりない。仮に、身体から精神への距離が、精神から愛徳への距離をなんら表徴しないとなれば、自由思想家《リベルタン》を相手にしたキリスト教の擁護の企ては理解されずに終わりかねないだろうから。

25

「心には心の言い分がある」

「心には心の言い分《レゾン》があるが、理性《レゾン》はそれらをまったく知らない」（ブ二七七／セ六八〇）。かくも美しく釣り合いの取れた格言を耳にしたことのない者があろうか？　この格言は、賭けについての論述が展開される紙面の余白に書き込まれ、賭けの打算に反論する。というのも、同じ紙面にある別の書き込みが示す通り、

神を感じるのは心であって理性ではない。信仰とはそのようなものである。理性ではなく、心に感じられる神。（ブ二七八／セ六八〇）

賭けは理性に呼びかけるが、心が恩寵に触れられていないならば、さほど役に立たないだろう。理性と心。これはパスカルが少しずつ明確にしていった主要な区別のしかたの、また別の例だ。「説得術について」において、自然にかかわる真理が魂に入り込むための二つの方法として、思考力《アンタンドマン》と意志《ヴォロンテ》の組み合わせを、私たちはすでに見た〔本書7章〕。しかし、神にかかわる真理の場合、それらは神の恩寵に

よって魂に入るのだ、とパスカルは付け加えていた。「心から精神のなかに入るのであり、精神から心のなかに入るのではない」[1]（「説得術について」）。思考力と意志、すなわち知性と欲望のかたわらに、心のために取っておかれた場所があったということを理解しよう。

『パンセ』においては、諸能力はやや違ったかたちで整理されている。

われわれは真理を理性によってのみならず、心によってもまたそれを知るのである。われわれが第一原理を知るのは心によってであり、推論はそこに関わりをもたないので、第一原理に異議を申し立てようとしても無駄である。（ブ二八二／セ一四二）

心、すなわち本能あるいは直観によって、私たちは、たとえば空間、時間、運動、数といった、第一原理の存在を確信している。パスカルにとっては、懐疑主義者やピュロン派に対抗することが重要なのだ。彼らはすべてを疑いながらも、私たちに対しては私たちの直接的な感覚を疑わせるにはいたらない。

われわれは夢を見ていないということを知っている。たとえ、それを理性によって証明する能力がわれわれにはないとしても。理性による証明ができないということから結論されるのは、単にわれわれの理性の弱さであって、ピュロン派がいうようなわれわれのすべての認識の不確実さではない。（同上）

したがって、心が自然に関わる真理の直接的な認識を与えるのであり、「そうした心と本能による認識にこそ、理性は支えられているはずである」（同上）。空間が三次元であるとか数は無限であるということを心が感じ取るのに対し、二乗した数は別の二乗した数の二倍になりえないということを理性は証明する。心は受動的な能力であるのに対し、理性は能動的な能力である。結果として、

諸原理は感知され、諸命題は矛盾なく構成される。そして、これらはすべて異なった方法によってはいるが、確実なのである。（同上）

しかし、パスカルは、何はさておき心に頼り、心の定義を一切しないまま、心の受ける恩寵によって信仰を正当なものとし、信仰を理性に対置させる。「神を知ることから神を愛することまではなんと遠く隔たっていることか」（ブ二八〇／セ四〇九）、と『パンセ』の最後の綴り《リアス》にある一断章においてパスカルは判断を下している。この綴り《リアス》は護教論の結論を提示するはずだったが、理性もここにいたってお手上げとなるのは、もはや神の恩寵なしでは何もできないからだ。

神が心の感情《サンチマン》によって宗教をお与えになった人々は至福のうちにあり、まったく正当に確信を抱いている。けれども、そのような宗教をもたない人々に対しては、われわれは推論によってしかそれを与えることができないのであり、神が心の感情によってそれをお与えになるのを待つほかない。そのことがなければ、信仰は単に人間的なものであって救いのためには無益なのだ。（ブ二八二／セ一四二）

護教論者の力は限られているが、まったくないわけではない。護教論者は「心の感情」を通して信仰

を抱かせることはできない。恩寵なしでは未完成にとどまるような、人間的かつ理性的な信仰しか提案できないが、「探し求めるよう導く」ことはできる。『パンセ』の最初のほうの断章の一つが次のように述べる通りだ。

> ひとりの友人に宛て、探究するよう励ます手紙。そうするとその友人は答えるだろう。「でも探究することが僕にどういう役に立つのか、何も見えないよ」。そこで彼に答える。「絶望してはならない」。すると彼は答えて言う。何かの光りが見出せればうれしいのだが、けれどもこの宗教に従えば、そういうふうに思ったところでなんの役にも立たないではないか。だからむしろ探究しないほうがいいと思う。これには彼に次のように答えよう。「機械」と。（ブ二四七／セ三九）

「機械」、それは、信じる状態を結果としてもたらす身体的行為（跪き、聖水に指を浸し十字を切る）のことだ。だが、機械すなわち慣習や習慣に何ができるのだろう？　理性的かつ人間的でしかない信仰は何の助けにもならない、ということを自由思想家《リベルタン》は知っている。なぜなら、神のみが心に信仰をもたらすのであり、その信仰は「〈我ハ知ル〉ではなく〈我信ズ〉と言わせる」（ブ二四八／セ四一）ものなのだ。

いずれにせよ、「心には心の言い分がある」という確言によって、「感性」と「思考力」を分けるパスカルは、カント的哲学の伝統、あるいは理性的選択の理論に今日もなお対立する存在となり、そしてまたパスカルは、私たちのあらゆる判断や決断においての感情や情動の役割を分析する現代の理論家たちの先駆者でもある。

26

「それはモンテーニュのものとしてではない」

言葉の正しく美しい使用法にこだわる人々たちとは逆に、パスカルは表現の繰り返しをいささかも怖れはしない。たとえば、次の断章では、集団的秩序について、この世での個々人のエゴイスムが凝集した結果であるとし、以下のように述べる。

人は邪欲から、政治、道徳、正義についての驚くべき規則を引き出し、根拠づけたのであった。／しかし根本においては、人間のこの性悪な心根、この〈悪シキ素地〉は、おおわれているにすぎず、取り去られてはいないのである。（ブ四五三／セ二四四）

規則の体裁のもと、悪は残っている。そしてパスカルは躊躇なく、同種の言葉を繰り返す。「On a fondé（根拠づけた）」、「dans le fond（根本においては）」、「ce vilain fond（この性悪な心根）」。『パンセ』のある断章が、表現の繰り返しに対するこうした無頓着を正当化している。

文章のなかに同じ言葉が繰り返されているのを直そうとするときに、その語がとても適切なので、直せば文章がそこなわれてしまう場合には、その語はそのままにしておかなければならない。そうすべきなのは明らかなのだ。直したいと思うのは、考えが浅くて語の反復がこの場合欠点ではないことが見えていないからだ。というのも一般的な規則というものはないのだから。(ブ四八/セ四五二)

ここで意見を表明しているのは科学者パスカルである。その語が適切であり、都合がよいなら、適切さの劣る別の語を言い換えに用いることで、言説はより不明瞭になってしまうのだから、おおざっぱな同意語をわざと用いるよりも、同一の語を繰り返す方がよいのは明白だ。パスカルは、繰り返しを一律に禁じようとする一般的な規則を拒み、世間的にはよくないとされる繰り返しについて自身が叱責されるとすれば、そうした叱責は直したがる欲求から来ているにすぎないとする。一つの語を繰り返す方が、より正確さに欠ける語で言い換えるよりもよい。

パスカルは、繰り返しを避けようとやっきになっていた小説家フロベールとは違う。繰り返しこそが、自身の自然な文体のしるしであり、著者の背後に隠れたりしないひとりの人間として書いているあかしなのだ。

自然な文体をみると、人はとても驚き感心する。というのは、著者を見出すと予期していたのに、ひとりの人間を見るからだ。この反対に、よい趣味をもっていて、一冊の書物を見るときにひとりの人間を見出そうと思っていた人は、著者を見出すとすっかり驚いてしまうものである」(ブ二九/セ五五四)

あるいはまた、「著者のためでしかないものはすべて、なんの価値もない」（ブ四一／セ六五〇）なぜならまさしく、心に触れるのは自然な文体であるからだ。

自然に述べられていることが、ある情念あるいは現象を描いているとき、それを聞く人は、聞いていることの真実を自分自身のうちに見出すのだが、その真実が自分のうちにあるとは知らなかったので、それをわれわれに感じさせてくれる人を好むようになるのである。というのも、その人は自身がもっているものをわれわれに示してくれたのではなくて、われわれがもっているものを示してくれたからだ。このような恩恵を与えられたので、その人はわれわれにとって好ましい人間になるのである。われわれと彼とに共通する知性の働き方によって、必然的にその人物が好ましくなるようにわれわれの心は傾く。（ブ一四／セ五三六）

自然な文体は、言説の技法を越える気取りのなさへ段階的に移行するなかで、技法そのものを消し去るのである。それは、古典主義時代にサロンで磨かれた会話の技法を思い起こさせる。完成された教養人《オネットム》は、ソクラテスによる精神の産婆術を彷彿とさせる教育法を用いて、自分の言いたかったことを、ラ・ブリュイエールの言葉を借りれば「相手に思いつかせる」のでなければならない「社交界について、または会話について」（『人さまざま』第十五章第十六節）。対話者が自力で自分の考えとして思いつくようにし、自分の結論を引き出すようにしてやれば、言説の効果は増すだろう。その理由をパスカルは次のように考える。

人は通常、他人の頭が思いついた論拠によるより、自分自身で見出した論拠によるほうが、深く納得しやすい。（ブ一〇／セ六一七）

「説得術について」において、パスカルはすでに「最良の書物とは、読者が自分でも書けたかもしれないと思うような書物である」と主張していた[1]。パスカルを読んでいると、パスカルが自然な文体で意見を表わし、繰り返しを厭《いと》わないため、彼の追求している諸真理はあたかも私自身が見つけて出しているかのようだ。私は、真理を探し求めているのは自分であるかのように、パスカルに耳を傾ける。

パスカルはそのようにモンテーニュを読んでいたのであって、そのモンテーニュから実に多くの着想を得た。「モンテーニュのうちに見られることのすべてを、私はモンテーニュのものとしてではなく私自身のうちに見出すのだ」（ブ六四／セ五六八）とパスカルは、自分の読書方法を弁護しつつ、言い切っている。パスカルはモンテーニュを剽窃しているのではなく、モンテーニュのもとで自分自身に再会し、モンテーニュのうちに自分の姿を認め、自分を把握するのだ。モンテーニュはパスカルの「書き手としての手本」であった、とジャン・メナールは述べていた。

プルーストは次のように指摘した。「作家が「我が読者」などと言うのは、前書きやら献辞やらの猫かぶりな言葉によってついた習慣からでしかない。実際には、個々の読者は、読んでいるときには自分自身を読むのである」。パスカルは、モンテーニュに続いて、読書とは他者の書物において自己を読むことだとすでに思い至っていたのだ。

27

三つの邪欲

パスカルは区別や分類を好む。二つに分ける例としては、正義と力、心と理性。さらに三つに分けるならば、身体、精神、愛徳だ。パスカルにとって主要な別の三つ組に、三つの邪欲《コンキュピサンス》という組み合わせがある。

「この世にあるすべては、肉の邪欲、あるいは目の邪欲、あるいは生の傲慢さだ。〈感覚ヘノ欲望〉、〈知ヘノ欲望〉、〈支配ヘノ欲望〉」（ブ四五八／セ四六〇）

邪欲はそもそも、アダムの罪とともに生じるのであり、神への愛に取って代わる被造物への愛とともに生じるのだった。それは愛徳《シャリテ》とは正反対のものだ。

三つの邪欲への言及のはじめに、『新約聖書』の「聖ヨハネによる第一の手紙」からの引用がある。ルメートル・ド・サシによる翻訳では、「なぜなら、この世に存在するすべては、肉の邪欲、あるいは目の邪欲、あるいは目の傲慢さである」[1]（「ヨハネの手紙　一」二章一六節）。

聖アウグスティヌスは聖ヨハネによる三つ組と同等のものとして、欲動《リビドー》あるいは欲望《デジール》が取りうる三つの形態を唱えた――肉の渇望《コンヴォワティーズ》、眼の渇望すなわち知識欲、そして強い力への渇望である。聖アウグスティヌスにとっての邪欲は、パスカルもそれに倣う通り、単に肉的性質であるだけではなく、好奇心および、驕《おご》り高ぶりを生じさせるものでもあり、人間の腐敗の三つの源であって、ジャンセニウス曰く「それらの源からすべての悪徳や大罪が流れ出す」のだ。

肉の邪欲、すなわち〈感覚ヘノ欲望〉は、たやすく理解しうる。快楽の誘惑、たがの外れた官能への欲望だ。

好奇心、すなわち〈知ヘノ欲望〉は、知を過剰なまでに欲する意志であって、適正な学問を修めようという意志ではなく、人間に知られるよう定められていないものまでを見通そうとする意志のことだ。有害な学問は、神に関わる諸真理についての知識を追い求めるが、それらの真理は、人間精神に向けられたものではない。人間精神の本来の能力を超えているのだ。神の秘密を見通そうとすべきではない。*Eritis sicut dii, scientes bonum et malum*「おまえたちは、善と悪とを知って、神々のようになるだろう」(『創世記』三章五節、ルメートル・ド・サシ訳)と蛇はエバを誘惑するために約束した。[2]

最後に、傲慢さ、〈支配ヘノ欲望〉すなわち権力への誘惑、強い力への意志は、あらゆる邪欲の根源にある。なぜなら、原罪とは傲慢の罪であり、神に対する傲慢な反抗だったのだから。偉さと力についてのパスカル的分析をここにふたたび見出せる。貴族の傲慢さは、金持ちの傲慢さと同様、自分が力を持っているという考えにある。

パスカルが〔二十七に〕分類した綴り《リアス》のなかには置かなかったある断章では、三つの邪欲は三つの秩序と比較されている。

「肉の邪欲、目の邪欲、傲慢」、など。
事物には三つの秩序がある。肉、精神、意志。
肉的な人々は金持ち、王侯だ。彼らは身体を相手にする。
知識欲のある人々と学者たち。彼らは精神を相手にする。
知恵のある人々。彼らは義を相手にする。
［…］
肉の事物においては、邪欲だけが支配している。
精神的な事物では、知識欲のみ。
知恵のうちでは、傲慢のみ。（ブ四六〇／セ七六一）

つまり、知恵があるからといって謙虚であるとは限らず、傲慢になることもあるというわけだ。信仰にいたるための漸進法には、まだこの先も数段階が必要となる。

このように、三つの邪欲が、私たちの存在条件を決めている。人々は身を低くし禁欲することで、条件を改善する。キリスト教という宗教によって、人々は「自分たちのかつての偉大さの名残である内的感情のうちに、自らを高める」（ブ四三五／セ二四〇）ことができ、邪欲と結びついた絶望と闘うことも、悲惨と偉大の中間を探し求めることもできるようになる。その中間とは、アリストテレス的な中庸ではなく、二つの相反する真実の一致のことである。キリストが神と人間のあいだの仲介者であるという意味での中間だ。イエスこそ、まったき人間であると同時に、まったき神である。

これら三つの火の河がうるおすというより燃え焦がす、呪われた土地は不幸なるかな！　これらの河のほとりにあって沈まず、流されることもなく、これらの河のほとりで動かずゆるがず、立つこともなく、低く安定した台座に腰を据えたる者たちは、幸いなるかな。（ブ四五八／セ四六〇）

パスカルは、「火の夜」以降、幸いな者たちの一人として、三つの欲動から逃れ出て、肉と金、学問と栄誉のもとから戻ってきた生還者となった。フランスの銀行では、一体だれが、一九六八年にパスカルの肖像をもっとも高額な紙幣に印刷させるという奇抜な発想をしたのだろうか。「五〇〇フラン・パスカル」(3)は、時折、私たちの札入れにその姿を現したものだ。

28 救い《プレデスティナシオン》の予定という神秘

恩寵は、キリスト教という宗教のなかで最大の神秘である。ポール・ロワイヤルの正当性を主張するため、パスカルは、数学者らしく厳密に、論理家としての手順を踏んで、恩寵を解明しようと試みた。

悔い改めなしに罪が赦される罪人たち、愛徳なしに聖化される義人たち、イエス・キリストの恩寵に浴さない全キリスト教徒、人間の意志へ働きかける力をもたない神、秘義のない救い《プレデスティナシオン》の予定、頼りない贖い主。（ブ八八四／セ四三六）

以上は、イエズス会士たちが声高に発する誤りの数々についての、パスカルによる一覧だ。パスカルがイエズス会士への攻撃文書『プロヴァンシアル』を執筆するのは、決定的回心から間もない一六五五年に書き始められた『恩寵文書』において自分の教説を明確化した後のことになる。

イエズス会士らによれば、キリスト教徒が救われるには《十分な恩寵》だけで十分であり、神がそれに加えて《有効な恩寵》をキリスト教徒に与える必要はない。イエズス会士らは聖アウグスティヌスがかつて戦ったペラギウスによる異端説を新たに唱えている、というのがポール・ロワイヤルの人々の意見だった。ペラギウスは、おこないによって救いを得ようとする人間の自由に過度の重要性を与え、神の恩寵を軽視していた。キリスト教徒たるものは、自分自身の力によって、みずからの自由意志を行使することによって、聖性に到達できるとされ、神の恩寵は不可欠ではないとした。聖アウグスティヌスは、ペラギウスに抗して、恩寵による救いの優位を主張した。ペラギウス主義は、聖アウグスティヌスの目には異端邪説と映る。もし人間が、神の掟を守るにあたり自分の本性に備わる力で十分であるのであれば、十字架上のイエス・キリストの犠牲は無駄だったことになるではないか。

　神の恩寵と人間の自由との関係は、カルヴァン派が絶対的救霊予定説《プレデスティナシオン》を主張した際、論争の再燃により問題化された。論争に反応したトレント公会議は、自由意志の無効というカルヴァン派の考えを断罪するが、それとともに、恩寵のないままでの人間の努力による救いの可能性も断罪した。ところが、イエズス会士たちは、少なくともパスカルが描くところのイエズス会士は、救いを得るも得ないも自由意志を行使する人間しだいと考える。人文主義の影響を受け、またプロテスタンティスムに対抗するため、イエズス会士たちは、聖アウグスティヌスが唱え、聖トマスが確認した教説——神のみが、ある者に恩寵を与えるか与えないかによって、その者が救われるか救われないかを決定するという教説を破棄しているのだ。

　イエズス会士とジャンセニストのあいだの争いは、十分な恩寵（神によってあらゆる人間に与えられている）と有効な恩寵（選ばれた者たちだけに与えられる）とのあいだの区別に基づいている。パスカルとジャンセニストたちにとっては、人が救いにあずかるのは、神が私たちに恩寵を与えるときに限られる。神の恩寵だけが、私たちを信仰において支え、私たちに信仰を守らせることができる。恩寵は選ばれた者へと定められているため、その恩寵に浴すためには、功徳や努力だけでは足りない。イエズス会士たちは、人のおこないのほうに救いの特権を認めるので、より人間的なようだが、パスカルは『プロヴァンシアル』において彼らのことを嘲弄する。

> しかしですよ、神父様、すべての人間に与えられるこの恩寵は、十分なのでしょうか？　そうだ、と神父は言った。でも、有効な恩寵なしでは効果がないのでは？　その通り、と神父は言った。では、すべての人間が十分な恩寵に浴していて、と私は続けた――なおかつすべての者が有効な恩寵に浴しているわけではないのですか？　その通り、と神父は言った。つまりは、と私は神父に言った――すべての者が不足なく恩寵に浴していて、なおかつすべての者に恩寵は不足している、ということはつまり、この恩寵は十分ではないにもかかわらず十分である、ということはつまり、その恩寵は名目上は十分だが、実際には不十分なのですね。（『プロヴァンシアル』第二信）

恩寵の神秘はうかがい知れないままだ。すべての者が救われるなら神秘はないだろうし、すべての者が地獄に落ちるのであっても同じことだ。救われる者が一方におり、地獄に落ちる者が他方にいるならば、それは神の正義と慈悲として説明がつくだろう。神秘であるのは、「ひとしく罪人である両者のうちで[1]」（『恩寵文書』）、あるいはひとしく義人である両者のうちで、神は、両者のおこないを考慮せずに、一方を救って他方を救わないということだ。聖アウグスティヌスは、神による判別は「正しいが隠された裁き[2]」にあるとし、パスカルは、神が「隠された計り知れない裁きによって」選ばれし者らを選ぶのだと念を押す[3]。信仰を固く守り続けられるという恵みにおいても、神秘は同様に大きい。

［…］二人の義人のうち、一方が信仰を固く守り続け、他方は守り続けないのが何故かは、まったく理解不能な謎である。[4]（同上）

パスカルの非凡な弁証法をもってしても、恩寵についてのジャンセニストの教説は、不明瞭にとどまる。恩寵と自由、救霊予定と人のおこないの関係は、うかがい知れないように思われる。個人の自由を否定するのは異端であり、恩寵の必要性を否定するのも同じく異端だ。ここでまたパスカルは、恩寵についてのジャンセニストの教説を相反する真実の一致として示し、難局を切り抜ける。すなわち、私たちの救霊は予定されており、かつ、私たちは自由だ。これは幾何学を断念することにならないか？

神がイエス・キリストを送られたのは、イエス・キリストが選び、救霊を予定した者たちだけの救いのためだった［…］その者たちの救いのためだけにイエス・キリストは死なれたのであり、他の者たちの救いのためにイエス・キリストが死なれたわけではないゆえ、他の者たちは、この万人にふさわしい破滅から解放されはしなかった。

と、パスカルは『恩寵文書』（「救いの予定についての論考」）において言い切っている。[5]

この説は、神の善意に異を唱えているように見え、一六五三年の大勅書「クム・オカジオーネ」において教皇に断罪される五つの命題の、まさに一部をなしている〔本書8章参照〕。この説は、私たちの現世のありかたについて、イエズス会士たちの見かたよりも現実主義的な見かたを提示していると考えてよい。

この世にあっては、恩寵は、宿命——すなわち、人生の報われなさや人々の運命の不平等——の言い換えにすぎない、そんな世の中なのだから。

29

聖棘《せいきょく》の奇蹟(1)

『パンセ』の数多くの断章は、奇蹟にかかわるものだ。ところがパスカルは、一六五八年にキリスト教擁護の構想を練った際、それらを外してしまった。護教論は奇蹟についての文書としてまずは書き始められたのであって、パスカルが人間研究として、神なき人間の条件を描き出しつつ護教論を導入しようと決めたのはその後だったということを、これらの断章が私たちに思い起こさせる。

ここに問題が生じる。真理はむき出しでは姿を見せないため、真理をあかしする奇蹟は実に有効である。だが、真理はまさしく隠されているので、真の奇蹟と偽りの奇蹟を判別するのは難しく、不可能でさえある。だからこそ奇蹟は濫用されうるのだ。

この世は真理の里ではない。真理は人々のあいだを人知れずさまよっている。神は真理にヴェールをまとわせ、そのヴェールが真理の声を聞かない人々に真理の姿を見誤らせているのだ。真理のあるところは瀆聖の場となりうる［…］。教理は奇蹟によって支えられるべきであるというのは一つの真理だが、奇蹟は教理を貶めるために濫用される。そして奇蹟が起きると、教理のない奇蹟は不十分だと

人々は言う。それはまた別の真理だが、奇蹟を貶めるために濫用される。（ブ八四三／セ四二五）

パスカルがこれほど奇蹟に関心を寄せたのは、パスカルの護教論の計画そのものが、自身に間近で関わったある奇蹟に端を発していたからだ。姪であり名付け子であるマルグリット・ペリエが、十歳でパリのポール・ロワイヤル寄宿生だったとき、医師らによって不治とされた病に苦しんでいた。最初は、目から「数滴」の膿が流れ出、ついで感染が広がり、口と鼻から強烈な悪臭を放つようになった。一六五六年三月二十四日の事件を母のジルベルトは次のように語る。「神が、御計らいによりわが娘を涙瘻《るいろう》から癒して下さったのはその時のことでした。その病は、三年半のあいだにあまりに急速に進行したため、膿が目からだけでなく鼻や口のなかからもあふれ出ていました。そしてその瘻はあまりにひどいものだったため、パリのもっとも腕利きの外科医たちですら治しようがないと診断していました。しかしながら、娘は、一本の聖棘に触れたことで、一瞬にして癒されたのです。この奇蹟の真実性はあまりに確かであったため、フランスの非常に高名な医師たちと最高の腕をもつ外科医たちによって証明され、教会の厳かな判断によって認可されて、すべての人から広く認められました(2)」（『パスカル氏の生涯』、第一稿）

この奇蹟はちょうどよい時に生じた、というのも、ポール・ロワイヤルが教会の諸権威から攻撃されていたまさにその時に起きたことだった。一六五六年十月、パリ大司教によって調査された後にこの奇蹟は承認され、非常に大きな反響を呼んだ。当時『プロヴァンシアル』で世に出ていたパスカルは、この件からポール・ロワイヤルの正当性を主張するための議論を引き出した。

ここには一つの聖遺物がある。ここには世の救い主の冠の棘が一つある。［…］この救い主はわれわれのために流された御血《おんち》だけがもつ力によって奇蹟をおこなわれるのである。ここに神ご自身がこの家〔ポール・ロワイヤル〕をお選びになって、そこで御力の輝きをお示しになったのである。（ブ八三九／セ四三四）

したがって、真理がジャンセニスト側にあることは疑いようがない。

この家は神の家である。なぜならば、そこで不思議な奇蹟がおこなわれるから。他の人々は言う。この家は神の家ではない。なぜならば、この家では五命題がジャンセニウスにあることを信じていないからだ。どちらがより明白であろうか？（ブ八三四／セ四三五）

対して、ジャンセニストの敵対者たちは悪意を抱く。

神が目に見える形で保護している人々を迫害する不正な者たち。（ブ八五二／セ四三八）

一方で、この奇蹟はポール・ロワイヤルでは有利なしるしとして解釈される。他方では、ぺてんとして解釈される。それゆえパスカルの当初の計画は、無神論者たちを説得するために、奇蹟についての考察として始まったのだ。ジルベルトによれば、「これがきっかけとなって、弟には、無神論者たちによる主要かつもっとも強力な推論に反駁するために働きたいという、あの強烈な欲求が生まれたのでした。弟はそれらを非常に念入りに研究し、全精神を傾けて彼らを説得するための方法を探したのです(3)」

（『パスカル氏の生涯』）。

パスカルは、奇蹟について、その諸条件や証拠を定義しようと試みた。奇蹟についての断章を書き連ねていったが、一六五八年六月の分類にいたってそれらを遠ざけ、まったく異なるかたちで護教論の計画を定めた。

人々はキリスト教について侮蔑の念をもっている。キリスト教を忌みきらっており、キリスト教が本当であることを恐れている。それを改めさせるために、まずキリスト教が理性に反するものではまったくないこと、敬うべきものであることを示して、尊敬させねばならない。そのつぎにキリスト教を愛すべきものにして、善良な人々が本当であってほしいと願うようにし、そうしておいてそれが本当であることを示すこと。／キリスト教は人間を知りつくしているので敬うべきである。／キリスト教は本当の善を約束するので愛すべきものである。（ブ一八七／セ四六）

30 中庸

常時いたるところで賛成と反対に割れる世界にあって、パスカルは、諸矛盾を超克するような立場、あるいは両極端から等しく距離を保つか、それらをはるかに超えて見下ろすような立場を探し始める。

頭が切れすぎると、鈍すぎるのと同じく、頭が変だと責められる。凡庸さ、中間的なあり方にまさるものはない。そう決めたのは大多数の者であって、中間的あり方を外れて上下どちらの端であろうと極端な方へ逃げ出す者を、それが誰であろうとはげしく非難するのだ。私は無理に外れようとはすまい。私は中間に置かれることに同意する。そして下の端に行こうとは思わない。それが下であるからではなくて端であるからだ。というのも、私は上の端に置かれることも同じように拒否するであろうから。中間から外れることは人間性から外れることである。ブ三七八／セ四五二)

凡庸さは、ここでは軽蔑的な意味を持たない。その逆で、両極端の中間に位置するのだから、過不足による難点がなく、ホラチウスの言う〈貴重ナル節度〉の理想に一致する。節度こそ中庸を説く哲学であり、なにごとも節制するよう推奨する。『パンセ』におけるパスカルの筆名はサロモン・ド・テュルシーであるが、これはソロモン王の知恵に愚かしさ──ラテン語の〈ステュルティア〉──を結び付けたものであり、愚かでも賢くもない、あるいはむしろ、そのどちらでもあるという意味になる。
　パスカルは大多数の者、すなわち多数派の側に立ち、凡庸さを擁護する。漸進法のおかげで、賢者は、集団を抜け出したがる中途半端な学識者たちに反し、民衆の意見のほうに与《くみ》するのだ。
　モンテーニュのような人物が、下の端でも上の端でもなく、最高の名誉ある地位でも最低の不名誉な地位でもない中間を要求するのであれば、モンテーニュの認める人間の条件に合っている。なぜなら、モンテーニュにとっての偉大さは、中間にとどまるということにあるからだ。しかし、パスカルについてとなると、この態度には驚かされる。二つの無限のあいだの中間とはどのようなものだろうか？

　というのも、結局のところ、自然のうちにおいてひとりの人間とはなんだろうか？　無限に対しては無、無に対しては全体、無と全体のあいだの中間者であって、両極端を理解《コンプランドル》〔包摂〕することからは無限に遠去けられているのである。（ブ七二／セ二三〇）

こうなると、中間という位置はパスカルにとっては少しも心地よくはなさそうだ。

　三種類の人しか存在しない。神を見出して神に仕えている人たち。神を見出していないので神を探し求めて努力をしている人たち。神を探し求めもせず見出しもせずに生きている人たち。最初の人たちは理にかなっており幸福である。最後の人たちは愚かで不幸である。中間の人たちは不幸だが理にか

なっている。（ブ二五七／セ一九二）

幾何学者パスカルは、組み合わせ理論を好む。論理的な可能性をすべて列挙して論証する。他の組み合わせを退け、パスカルは理にかなっていつつ不幸な人々、いまだ神を見出せずに探し求める人々に対して話しかける。私たちの探すものが神であれ人生の意味であれ、何であろうが、私たちは自分自身の姿をこの探し求める人々のうちに認めうるのだ。

中間は、パスカルにとってはもはや妥協点ではなく、簡単に割り切りすぎる二つの立場を超克するものであり、これもまた弁証法的な漸進法の一例なのだ。両極端の立場以上に獲得するのが難しい立場であり、よりたやすいとは言えない。

そして普通ありがちなことは、対立する二つの真理の関係が理解できないで、一方を容認するならば他方を除外するべきものと信じ、一方に固執して他方を排斥し、われわれを彼ら〔異端者となる人々〕に反するものと考えることである。ところで、排除こそ彼らを異端たらしめる原因であり、われわれが他の真理を保持していることについて無知であるために彼らはわれわれを非難するのである。（ブ八六二／セ六一四）

パスカルは、対立物の一致としての中間にしばしば立ち返る。かくして、隠れたる神は、覆い隠された状態と顕わな状態のあいだ、中間に位置する。「もし神が人々に対していつも御姿を顕わにされているなら、信じる功徳などなくなってしまいます。そしてもし神がまったく御姿を顕わにされないのなら、信仰はほとんど消えかねません」と、パスカルは一六五六年十月、ロアネーズ嬢に対して霊的指導者の役割を演じ、隠れたる神の概念を説明する手紙を書いていた[1]（「パスカルからロアネーズ嬢への手紙」）。しかしその均衡は不安定なままである。

自分の悲惨を知らずに神を知ることは傲慢を生む。／神を知らずに自分の悲惨を知ることは絶望を生む。／イエス・キリストを知ることは、その中間を生むのである。なぜならば、われわれはそこに神とわれわれの悲惨とを見出すからである。（ブ五二七／セ二二五）

傲慢と絶望のあいだで、いずれにも陥らず、あるいは同時にいずれをも得る。これがパスカルに従えば、理にかないつつ、ほどよく不幸な信仰者の立場だ。

この方式は、パスカルが『ド・サシ氏との対話』においてエピクテートスとモンテーニュのあいだで器用に立ち回るときと同じである。だが、こうしたありかたはすべからく、やや硬直して形式的すぎやしまいか？

もっと軽やかないくつかの例で締めくくろう。

二つの無限。中間。／あまりに速く、あるいはあまりに遅く読むときには、何も理解できない。（ブ六九／セ六〇一）

あるいはまた、

多すぎる葡萄酒と少なすぎる葡萄酒。彼に酒を一滴も飲ませないでみたまえ、彼は真理を見出せなくなるだろう。飲ませすぎてみろ、同じことである。(ブ七一/セ七二)

遅さと速さのあいだ、酔いと素面《しらふ》のあいだで、いかにして節度を守り、均衡を、定点を保てばよいのか？　読書において難しいのと同じく、あらゆる探求において、神の探求でも、真理や人生の意味の探求においても、それは難しい。

31 二重の思考《パンセ》

ひとりの男が嵐に遭い、ある未知の島へ打ち上げられると、その島の住民たちは行方知れずとなった自分たちの王を見つけ出すべく気を揉んでいるところでした。その男は、体つきも顔も大変よく似ていたので、王と取り違えられ、全島民によって王として認められます。男は、はじめはどういう立場を取ってよいか分かりませんでした。しかし、ついに自分の幸運に身をゆだねる決心をしました。人々が表明したがったあらゆる敬意を受け取り、王として遇されるに任せたのです。[1]（『大貴族の身分に関する講話』）

パスカルは厳密な幾何学者にして論理家だったが、物語作者としての真の才能も欠いていなかった。想像力を「誤謬と偽りの女主人」として告発していたのに、寓話を好み、相手を説得するために自分でも創作するのをためらわなかった。パスカルのもっとも魅惑的な例え話の一つが、『大貴族の身分に関する講話』三点の一話目の冒頭を飾る。友人ピエール・ニコルの伝える談話として、パスカルは、リュイーヌ公の長男であるシュヴルーズ公へ教えを説いている。大貴族になるよう定められたこの青年が、社会的役割と、私的な人格である自己とを混同しないよう願うのだ。モンテーニュは次のように言っていた。「私たちの役割をそれにふさわしく演じるべきだが、あくまで借りてきた人物の役割としてである。仮面と外見を実際の本質にしてはならないし、自分ではないものを自分本来のものとすべきでもない」[2]（『エセー』第三巻、第一〇章）。パスカルは、遥かな地の人々によって王とみなされたある遭難者の話のなかで、この古い常套句を膨らませた。大貴族の身分について、また一般に人間の身分について熟考する機会としたのだ。その男が王となるのは偶然のことで、君主を失った島民たちの勘違いの結果である。この挿話は、私たちの身分の偶然性を分かりやすく説明する。なにものも、私たちの特権や、どのような地位であれ、私たちの地位を正当化しない。私たちの生まれですらも、私たちの存在も、なんら必然性はない。だからパスカルは若いシュヴルーズ公に対して、この世で自分のものとなるだろう身分について幻想を抱かないよう、それよりも未知の島で芝居を演じる王の例に従うよう勧めるのだ。

［…］男は自分の本来の身分を忘れられなかったので、人々の敬意を受けると同時に、自分はこの人々の探している王本人ではないし、この王国は自分のものではないと考えていました。そのようにして、二重に思考していたのです。一方の思考によっては王としてふるまい、他方の思考によっては自分の真の立場を認識し、自分が今いる地位に置かれたのは偶然にすぎないと分かっていました。男は後の考えは隠しており、もう一方の思考を表に出していました。人々とは初めの思考をもって付き合い、自分自身とは後の思考をもって付き合っていたのです。[3]（『大貴族の身分に関する講話』）

他の人々の前では私たちの役割をしっかり演じるのが大事だが、内面ではその役割にだまされてはならない。パスカルの描く「二重の思考《パンセ》」は、社会的身分——権力、富、声望——と、真の存在とを対置する。パスカルはひとりの貴族に話しかけているが、この教訓は民主主義においても通用すると思われる。

> スイス人は貴族と呼ばれると腹をたて、重要な職にふさわしいと思われるために自分が平民の血筋であることの証拠を示す。(ブ三〇五／セ八三)

とパスカルは『パンセ』の「虚栄」の綴り《リアス》のなかで、政治システムの恣意性を強調するために指摘している。ここフランスでは貴族が要職に携わるが、かの地では平民である。こうしたすべては慣習によるものだ。

パスカルが青年貴族に対し、距離を保つよう勧めるのは、大貴族としての身分に対してだけではない。同様に正当なものとは認めがたい、人としての身分についてもまた、距離を取るべきという。

> あなたが富を所有しその主人となっている偶然は、例の〔島に流れ着いた〕男が王となった偶然ほど大きくないとは考えてはなりません。あなたはその富に対してあなた自身のいかなる権利も持っておらず、生まれによっても、例の男以上に権利があるわけではありません。あなたは、無数の偶然によって公爵の息子となっているだけでなく、この世に存在してもいるのです。あなたの誕生は、ある結婚あってのこと、あるいはむしろあなたを子孫とする人々のすべての結婚あってのことです。たまたまなされた訪問や、ふとした話や、思いがけない幾多のきっかけによるものなのです。[4](『大貴族の身分に関する

講話』)

社会生活は恣意的な慣習の上に成り立っており、自然の秩序に基づいているのではない。王とされた遭難者以上に、この実際の状態を浮き彫りにするたとえはない。ところで、すべての人は遭難者だ。それゆえに、人々の示す高慢な態度や横柄さはみな、とりわけ大貴族に顕著だが、人々の自分自身に対する嘘の、あるいはジャン゠ポール・サルトルの語を借りるなら「自己欺瞞」の証拠ではないだろうか。

32

「私《モア》とは何か？」

自我《モア》とは憎むべきものである。ミトン、きみは自我を覆い隠している。そのようにしても自我を捨てているわけではまったくない。それゆえ、きみはやはり憎むべきものなのだ。（ブ四五五／セ四九四）

パスカルは、礼節《オネットテ》のありかたを論じる自由思想家《リベルタン》の友人、ダミアン・ミトンに向けて語っている〔本書19章参照〕。礼節は、自我《モア》、自己愛を隠してくれるが滅してはくれない。パスカルは友人を手荒く扱う。きみは愛他心を示したところで憎むべき存在だ、という。礼節《オネットテ》に従う「完成された紳士《オネットム》」は偽善者だ。人としての礼儀をわきまえているおかげで、その自我は「すべての中心」になってはいないものの、キリスト教徒の敬虔さのみが自己愛を愛徳《シャリテ》に変えられるのだ。

しかし、『パンセ』において自我はつねに自己愛と同一視されているわけではない。

私は自分がまったく存在しなかったかもしれないと感じる。というのも、この私《モア》というのは私の思考《パンセ》のなかに存在するからだ。それゆえ、もし私の魂が宿る前に母が死んでいたならば、この思考している私はまったく存在しなかっただろう。とすると、私は何があっても存在するというようなものではないのである。（ブ四六九／セ一六七）

「私 moi」という一人称を実詞化した形〔自己の意〕で用いる用法は、フランス語では新しい。デカルトのもとにこの用法を見出せるし、『パンセ』のこの断章はデカルトの「第二省察」を想起させる。「もし私が考えるのを止めれば、そのとき私は在ること、存在することを止めてしまう、という事態がおそらくありうる」[1]。パスカルの方は、自己《モア》の偶然性を強調する。自己《モア》は必然性を、実体を欠いており、自然哲学はその存在を正当とすることができない。

『パンセ』のまた別の逆説的な断章には、まさに「私《モア》とは何か？」とのタイトルが付けられている。

通行人を見るために窓辺にいる男。私がそこを通りかかるとき、彼は私を見るために窓辺に立ったということができるだろうか？　否。なぜならば、彼はとくに私のことを考えているからではないのだから。しかし、誰かを美貌のゆえに愛する人はその人を愛しているのか？　否。なぜならば、その人を死なせないが美しさを損なう天然痘にかかってしまえば、もうその人を愛さないことになってしまうであろうから。（ブ三二三／セ五六七）

パスカルの深く愛した妹ジャクリーヌの顔は、そういえば十三歳の時の天然痘によって損なわれたのだった。しかし何にもまして、街路を通りすぎる人々について述べている『省察』のページが思い浮かぶ。デカルトは問う。帽子をかぶって通り過ぎる形象が人間なのか自動機械なのかを、はたして知りうるのだろうか、と。(2) パスカルはその場面を別のかたちで使用する。観察者からみて通行人が人間であるかどうかを問うのではなく、窓際にいる男が私を、私《モア》そのものを本当に分かって見ているかどうかを問うのだ。

私《モア》はここではもはや自己愛ではなく、個人を識別するもの、人格をなすものとなる。自然哲学の枠内では、自己は疑う余地のない実在であり、私たちは私《モア》について直接的な感情をもっているのに、その実在は理解しえない。人はそれぞれ一つの人格であるが、その人格は定義しえない。

誤解しないようにしよう。パスカルは、私《モア》が存在しないと主張するのではなく、それぞれの私《モア》の本質を明確にするのは不可能だと主張している。私《モア》は、実体でも、たまたま備わる属性でもない。人が誰かに対して抱く愛がその美貌と分かちがたいとき、その美貌が消え去ってしまえば愛は打ち砕かれる、とパスカルは断言する。相手を美貌ゆえに愛するとすれば、そして美貌はたまたま備わる属性であるとすれば、「愛する」とはどういうことなのか？ それなら愛は、相手の存在そのものを対象としていなかったということか？ 私《モア》とは理解しがたいものである。にもかかわらず、魂の神秘的なこの統一体に私たちは直接的な確信をもっている。

この問題はパスカルに取りついて離れない。

そして、もしも人が私の判断力、私の記憶力のために私を愛するとするならば、その人はこの私《モア》を愛しているのか？ 否。なぜならば、私はそれらの能力を失っても私自身でありつづけることができるからだ。とすれば、この私《モア》が身体のうちにも魂のうちにもないとすれば、どこにあるのか？ そしてそうした能力のため以外に、どのようにして身体あるいは魂を愛するのか？ それらの能力は消滅しうるのだから、私《モア》を成り立たすのではまったくないのである。というのも、いかなる能力があろうがあるまいが関係なく、抽象的に、ある人格の魂の実体を人は愛したりするだろうか？　そのようなことはありえないし、正しくもないだろう。したがって、人はけっして相手そのものの存在を愛したりしない、ただもろもろの能力を愛するだけなのだ。（同上）

話はもはや身体の美しさにとどまらず、判断力や記憶といった諸能力、魂に属す知的な領域にまで及ぶ。

私は手も足も頭もない人間をはっきりと考えることはできる。というのも、頭が足よりも必要だとわれわれに教えてくれるのは経験しかないからである。しかし、思考のない人間を考えることはできない。そのようなものは、石か、あるいは獣であろう。(3)（ブ三三九／セ一四三）

判断力と記憶は、思考の属性である。しかし、私《モア》は、それらの属性を失う者のもとから消え去りはしない。狂人のもとからも、健忘症患者のもとからも。アポリアにぶつかり、私《モア》は謎のままだ。

［…］われわれがいかなる者であるかを自力で知ることができないのだから、それを神から教わるしかない。（ブ四三〇／セ一八二）

人は、相手のもろもろの能力以外はまったく見ない。それならば、高位にある人々に敬意を表したってよいではないか？

ジャン・メナールは次のように述べていた。「私《モア》が本当の存在として成り立つためには、恩寵によって私《モア》を、唯一の必然的存在と結んでもらわなければならない。その存在とは、神である」

33

村の女王たちと壁の飾り窓

パスカルは、修辞法やわざとらしい文飾を警戒する。「「暴動の炎を消し止める」、あまりに言葉を飾りすぎる／「自分の天才についての不安」、二つの大げさな言葉が余計」（ブ五九／セ五二九）。うわべの美辞麗句や、表現性の過多、過剰に対してパスカルは抗議している。「不安《アンキエチュード》」はとてもきつい語であり、本来の意味は、平穏な状態でいることの不可能性、終わりなき動揺だ。

キケロにおける偽りの美の一切をわれわれは非難するが、称賛する者たちがいて、しかもその数は多い。（ブ三二／セ六一〇）

姉のジルベルトが述べていたように、パスカルの文には「飾った考え」も「うわべの輝かしさ」もなく、「大げさな言葉は皆無、比喩的表現もほとんど見られず、難解だったり、粗雑だったり、高みにいるようだったり、言い落としたり、よけいだったりする表現は何もありませんでした」[1]（『パスカル氏の生涯』、第二稿）。パスカルは大げさな語を嫌う。「説得術について」の末尾でそっけなく述べている。

「私はああいう思い上がった言葉が嫌いだ……」[2]（『幾何学的精神について』）

『パンセ』の断章の一つは「詩的な美しさ」のタイトルのもと、警戒を呼びかけている。

模倣するべき自然の原型[3]がどのようなものであるかを人は知らない。知らないがゆえに、ある種の奇妙な言葉を発明したのである。「黄金時代」「われらの時代の驚異」「宿命的」などなど。そしてこれらの特殊な言いまわしを「詩的な美しさ」と呼んでいるのだ。（ブ三三／セ四八六）

パスカルのもとでは、女性が取り上げられることはあまりない。しかしながらパスカルは、飾りや宝石に見立てた詩への不信を言い表すのに、女性の美という伝統的なイメージの助けを借りている。

けれども、もっぱら取るに足らないことを大げさな言葉で述べる、この原型を基にしてひとりの女を想像してみる人には、鏡と鎖をたくさん身につけたすてきなお嬢さんが見え、笑ってしまうであろう、なぜならば、何が詩の魅力かということよりも、何が女性の魅力かということのほうが、よくわかるからである。しかし、女性の魅力についてのこころえのない人々は、そのように飾りたてているお嬢さんを称賛するであろうし、そのようなお嬢さんを女王視するような村もたくさんあるのだ。それゆえ、われわれはそのような原型を基にしてつくられた十四行詩を「村の女王たち」と呼ぶのである。（同上）

パスカルは、言葉と事物のあいだの均衡からなる古典主義的作法を擁護し、言葉と事物の不均衡からなるバロック的戯れを批判する。詩の愛好者たちを惑わす「村の女王たち」を警戒しているのだ。この拒絶にヴォルテールは苛立ち、サント゠ブーヴは態度を保留した。「パスカルがその才能によっていかに偉大であろうと、時代のせいで、あるいは特に当人の性格のせいで［…］理解せずまた理解しようとの考えもないような、真の優れたことがらは多々存在する。少し例を挙げてみよう。パスカルは詩情を感じず、否定している。だが詩情こそ、人間の本質的な部分そのものであり、宗教的人間にとってすらそうである」（『ポール・ロワイヤル』、一八四八年）

パスカルの抱く反感の一つは、対句表現《アンチテーゼ》に向けられている。

無理な言葉の使い方をして対句をつくる人は、左右を対称にするために、壁に飾り窓を画く人々と同じである。／このような人たちの規則は、正しく語ることではなく、正しい文章法に従うことである。（ブ二七／セ四六六）。

しかしながら、対句表現への好みはパスカルには明らかにある。弁証法による論の進め方や「正から反へ」（ブ三三七／セ一二四）の逆転にぴったり合うのだ。

相手が自慢するなら、私はおとしめよう／自己卑下するなら、ほめそやそう／そうやっていつも相手に反対しよう／自分が理解不能な怪物であると／相手が理解するまでは。（ブ四二〇／セ一六三）

という断章については、文の配置からして、これを詩と形容してためらわない人々もいる。

またしても逆説だ。修辞法の優美さは、雄弁術が露骨に表現する以上に力づくで働きかける。次の簡潔な断章をそのように理解しよう。「支配力によってではなく甘い声によって、国王としてではなく暴君として、説得する雄弁術」（ブ一五／セ四八五）。甘い声が圧制と同列に置かれており、圧制はここでも秩序間の境界侵犯として定義される一方、支配力、正当な力は国王と結び付けられている。甘い声の修辞法が働きかけるのは、意志《ヴォロンテ》に対してであり、みずからにとって心地よいものを正しいとみる欲望《デジール》に対してであって、思考能力《アンタンドマン》に対してではないということだ。修辞法は、人を喜ばせる技法に属しており、説得する技法に属すのではない。耳に優しい語りかけは相手を信じ込ませる。相手自身に考えさせるのではなく、相手を思いのままにする。

そのようなわけで、『プロヴァンシアル』と『パンセ』におけるパスカルの方法には優しい語りかけが皆無で、激しい熱弁がふるわれているのだ。パスカルは自由思想家《リベルタン》である友人たちに対して荒々しさを発揮し、彼らが反応するようにと声高《こわだか》な非難も辞さない。「それゆえ、きみはやはり憎むべきものなのだ」、とミトンに向けて叱責を飛ばしてみせる（ブ四五五／セ四九四）。

そうは言っても、優しさは神のはたらきの特徴でもある。

> 神はあらゆるものごとを優しさをもって整えてくださるので、真の宗教が様々な論拠を通じて精神に入り、恩寵《いつくしみ》を通じて心に入るようお導きになる。（ブ一八五／セ二〇三）

またしても対立物の一致を示す事例だ。

34 「不確実なことのために働く」

民衆は、とても健全な意見をもっている。たとえば、／［…］不確実なことのために働くこと、航海へ出ること、一枚の板切れの上を歩いていくこと。（ブ三二四／セ一三四）

ここでもまた「結果の理由」が問題となる。生半可な知識人は、結果が予測不可能に思われる企てを警戒するが、民衆は「不確実なことのために働く」ことを受け容れている。さて生半可な知識人は間違っているのに対し、民衆は正しく、その意見は正当なものだ。民衆は「分け前の規則」を直感しており、これこそパスカルが後の確率計算に与える名称だ。

「不確実なことのために働く」だけの価値はあるのだろうか？「航海へ出る」ことはパスカルにとって、危険をともなう企ての典型である。しかしながら、現実におこなわれている（民衆には選択の余地がないのかもしれない）。「一枚の板切れの上を歩いていく」ことについては、想像力の力の大きさを示す古典的な例を想起させる。モンテーニュがふたたび取り上げ[1]、次いでパスカルが『パンセ』のなかの「想像力」という長い断章で取り上げた例だ。

世界でもっとも偉大な哲学者が充分に幅のある板の上にいるとして、もしその下が断崖絶壁であれば、理性では安全だと納得していても想像が理性をうち負かしてしまうであろう。そのようなところに置かれていると考えただけで、蒼白になり冷汗が出てしまうのを抑えられない人が、何人もいるのだ。（ブ八二／セ七八）

民衆階級の人間なら、虚空の上に渡された板の上を、哲学者よりも堂々と渡るだろう。その板は、乗船し「航海へ出る」ために踏み越える板でもあるかもしれない。

確率論の先駆者であるパスカルは、「分け前の規則」と名付けるものを一六五四年の『数三角形論』において証明することになるが、その第三部の題は「数回勝負をする二人の賭け手のあいだでなされるべき賭けの分け前を定めるための数三角形の用法」となっている。(2) その規則は次のことを表明している。

勝つかどうかの不確実さは、勝つ運と負ける運のあいだの比率に応じて、賭けてみることの確実さに釣り合う。(3)（ブ二三三／セ六八〇）

別の言い方をすれば、期待値とは、勝ちを得られる確率を通して勝利がもたらす収益であり、不確実な状況においてもっとも得をする選択を、理性によって決定できるようにしてくれるのだ。この概念は、メレやミトンといった、パスカルの自由思想家《リベルタン》の友人たちの気晴らし、運任せの賭け事からきている。パスカルは、賭けが勝負の途中で中断されるとき、どのように賭金を分配するのかを決定しようとしているのだ。
ところでパスカルは、分け前の規則を人生に適用する。

> 次のような異なる想定に応じて、この世ではそれぞれ違った生き方をしなければならない。／ずっとこの世にいることができるという想定。／この世に長くはいないことは確実で、一時間いるかどうかも不確実であるという想定。／この後者の想定が、われわれの場合である。（ブ二三七／セ一八七）

パスカルは、友である自由思想家の完成された紳士《オネットム》が、こうした合理的な論法には惹かれるだろうと考える。『パンセ』の「始まり」という綴り《リアス》においてこれらの論法を重ねていき、人間学の部から神学の部へ移行する。

> 確実なことのため以外には何もしてはいけないというのであれば、真の宗教のために何も為すべきではないだろう。なぜならば、真の宗教が存在することは確実ではないからだ。とはいうものの、不確実なことのために、人はどれほど多くのことをしているだろうか。航海をしたり戦闘をしたり！　それゆえ、私はあらゆることについて一切為すべきではないだろうと言おう。なぜならば、何ものも確実ではないからだ。そして、明日という日をわれわれが見るかどうかということ以上に、真の宗教の存在のほうに、より多くの確実さがあるのだ。（ブ二三四／セ四八〇）

はじめに口を開くのは、不信心者あるいは生半可な知識人である。曰く、真の宗教の存在は不確実なので、そのためには、何もしないというのが理にかなっている。パスカルはこれに反論して曰く、しかしながら人は、海へ出るとか戦争をするなどといった活動をするために大きな危険をおかすではないか。なぜ真の宗教に関しては違うようにふるまうというのだろうか？　パスカルは対話者に一貫性を求める。なぜなら「一切が不確実であるかどうかは確実ではない」（ブ三八七／セ四五三）のだから。

今日から明日までのあいだに宇宙に何らかの事変が生じて、私たちは日の目を見られなくなるかもしれない。明日には世界が終わることもありうると確信をもって断言できても、神が存在しないことがありうると確信をもって断言はできない。

というのも、われわれが明日の日を見るかどうかは確実ではないが、われわれが明日を見ない可能性は、確実にありうるからだ。真の宗教についても同じように言うことはできない。真の宗教が存在するかどうかは確実ではない。だが、それが存在しない可能性が確実にありうると、誰があえて言うだろうか？　ところで明日のために、そして不確実なことのために働くときに、人は合理的に行動をしているのである。／なぜならば、すでに証明された分け前の規則によって、人は不確実なことのために働かねばならないからである。／聖アウグスティヌスは、人が海上、戦闘などにおいて不確実なことのために働いているのを見たが、人がそうしなければいけないことを証明する分け前の規則まではわからなかった。（ブ二三四／セ四八〇）

聖アウグスティヌスは、当てにならない結果をもとめて航海へ出たり戦争へ行ったりするために時間と手間をかける人々について、虚栄心があると非難したが、結果の理由すなわち分け前の規則と高い期待値を理解していなかった。聖アウグスティヌスでさえも、モンテーニュと同じく、少なくともこの点においては生半可な知識人としてふるまったといえるかもしれない。パスカルの数学的考案はさすがだが、謙虚さにかけてはまだまだ進歩の余地がある。

35
「無限　無」

ロメール監督の映画『モード家の一夜』では、パスカルの賭けについて好き勝手に論じている。これが『パンセ』を読んで記憶に残っているすべてだという人も多い。だが、いったい何を問題にしているのか？　それは本当に核心なのか？

私たちには神を知る能力がない。神が何であるのかも、神が存在するのかも分からない。「自然の知性の光」は私たちにはまるで助けにならず、キリスト教徒は自分たちの信仰を説明できない。パスカルは護教論において袋小路につきあたるのか？　いや、そうはならない。なぜならここでこそ、賭けのモデル、本人の言うところの「分け前」のモデルを用いて、友なる自由思想家《リベルタン》に決断を迫るのだから。

それではその点を検討しよう。そして次のように言おう。神は存在するか、あるいは存在しないか。[1]
しかしどちらの側にわれわれは傾くだろうか？　理性はその点について何も決定しえない。そこにはわれわれを隔てる無限の混沌があるのだ。この無限の距離の行きつく先では一つの賭けがなされて、コインの表か裏が出るだろう。きみはどちらに賭けるだろうか？　理性によってはどちらにすること

もできない。理性によってはきみは二つのどちらをも理があるとすることができない。(ブ二三三／セ六八〇)

間違えないようにしよう。賭けは神の存在証明を目的とはしていない。神の存在は不確実であり、自由思想家《リベルタン》は生半可な知識人としてふるまうので、不確かなことについては「賭けなどしないのが正しい」と答える。護教論者は次のように反論する。

そうだ。しかし賭けねばならない。それは自分の意志で自由になることではない。きみは船出しているのだ。だからどちらを取るのか？ 考えてみよう。選ばねばいけないのだから、何がきみに最も得にならないかを考えてみよう。きみが失うはずのものは二つある。真と善である。そして賭けねばならないものは二つある。きみの理性ときみの意志、きみの知識ときみの至福である。そしてきみの本性は二つのものを避けねばならない。誤謬と悲惨である。きみの理性はどちらかを選ぶことによって多く傷つけられるというわけではない。なぜなら、どうしても選ばなければならないからである。これで一つの点は解決された。けれども、きみの至福についてはどうか。神が存在すると賭けた場合の得失をはかってみよう。次の二つの場合を考量してみよう。もしきみが勝てば、きみはすべてを手に入れる。もしきみが負けてもきみは何も失わない。だから神が存在するほうに迷うことなく賭けたまえ。(同上)

もし勝つとすれば、神は存在するのだから、すべてを手に入れる。もし負けるとすれば、神は存在しないのだから、何も失わない。なぜなら虚無は、賭けた人に間違いの代償を支払わせることなどできないのだから。

パスカルは数学上の細かい点に立ち入る。得られる命が二つ分しかないなら、賭けは公正であるはずだから、賭けないという手があろうか？　得られる命が三つ分あるなら、賭けは有利になるはずで、賭けないほうがおかしかろう。しかし、得られる命は無限なのだ。[2]それゆえ、賭けないというのは理に反する。そして仮に神が存在する可能性は二つに一つではなく、無限に対して一つだったとしても、得られる命が無限ならば、賭けはやはり公正であり、思い切って挑戦する価値はあるだろう。

［…］無限というものが存在する場合、そして勝つ確率に対して負ける確率が無限ではない場合にはいつでも、損得勘定をするまでもなく、すべてを賭けに出すべきなのだ。（同上）

しかしそれでも、自由思想家は決断しない。

そうだと思う、そうだと認める、けれども……なお賭けの裏側を見る手段はまったくないのか？（同上）

私たちは転回点にさしかかっている。自由思想家は賭けることの合理的な必要性については納得しているが、賭けないのだ。

［…］私は両手を縛られ口をふさがれている。私は無理やり賭けさせようとされているが、私は自由な状態になく、放してもらえない。それでも私は信じることなどできない人間なのだ。（同上）

これに対して護教論者は答える。

そのとおりだ。しかし少なくとも、信じる力がきみにないのは、きみの情念（のせい）だということだけは認めてほしい。なぜなら、理性はきみを信仰のほうへと導くが、それでも、きみは信仰をもつことができないからである。それゆえ、神の存在の証拠を増やすことによって納得するのではなく、情念を減らすことによって納得するように努力してもらいたい。（同上）

賭けの議論が示すのは、自由思想家が自分の合理性を誇っていながら、合理的には行動せず、信じることを拒否しているということにほかならない。それならば、自由思想家の抵抗のうちに情念や自己愛が果たす役割を本人に意識させる必要がある。挑戦すべきは、もはや説得力ある論拠を見つけることではなく、自由思想家の感受性を高めることなのだ。

相手の頑固な懐疑に直面して、パスカルは戦術を変え、信じている人々のようにふるまってみるよう相手に勧める。

彼らが始めたときの仕方をお手本にしなさい。あたかもまるで信仰をもっているかのように、聖水に指を浸して十字を切ったり、ミサを挙げてもらったり、そうしたすべてを実践するのだ。そうすれば当然なこととしてきみは信ずるようになり、愚かになるだろう。——なんと、それを私は恐れているのだ。——なぜなのだ？　きみは何を失うのか？（同上）

愚かになること、それは馬鹿や阿呆になることではなく、動物のように、すなわち「機械」のようにふるまうことである（ブ二四七／セ三九）。パスカルは、デカルトに次いで、自動機械としての身体を考えている。宗教に従えばよい（ブ二四八／セ四一）、そうすれば慣習が信仰へと導いてくれるだろう。習性が与えてくれる信じる気持ちは「よりたやすい」。それゆえ、本当に信じるようになる前に、信徒たちの習慣に合わせてみるのがよい。なぜなら「われわれは精神であるのと同じ程度で自動機械なのだ」（ブ二五二／セ六六一）。この論法には、もはや数学的な要素は一切ない。

ついに最後の論法として、賭けてみればおまけの利益もついてくるとする。まさにこの世の生活で即座に得られる特典だ。

ところで、この賭けをすることによってどのような悪いことがきみに生じるだろうか？　きみは忠実で正直になるだろうし、謙遜で感謝の気持ちを忘れず、善行をおこない、友情に厚く、誠実で嘘をつかない人間になるだろう。［…］／言っておくが、この人生においてきみは勝ちを得るだろう。（ブ二三三／セ六八〇）

要するに、賭ければ、いずれにせよあなたは勝つ。あの世でないとしても、少なくともこの世では。だから、賭けたりしないなどというのは、愚の骨頂かもしれない。

36 私悪、公益

原罪を確信しているパスカルは悲観主義者であるが、その悲観主義によって逆説的に、他の十七世紀の人間観察家《モラリスト》たちと同じく、ある種の近代的楽観主義を先取りする方向へ進んでいる。パスカルはパスカルなりにアダム・スミスや自由主義の到来を告げるのだが、たとえば資本主義の初歩読本たるバーナード・マンデヴィルの『蜂の寓話』(一七一四年)は次のようにいう(1)。身勝手な自己愛は富と権力の追求に走る。悪徳は貪欲さを解き放つことで、社会の富と秩序に貢献する。個人の悪徳から、意図せずとも集団の繁栄がもたらされる。「私人の悪徳が公共の益をなす」と格言にあるとおり。

『パンセ』の余白に、これと類似した考えが見られる。すなわち、個々人の無秩序から集団の秩序が生じ、原罪に起因する邪欲の競い合いにおいて、バランスが保たれるというのだ。聖アウグスティヌスがすでに『神の国』において次のように主張していた。「秩序に反するもの」にとって、ある種の秩序は保たれねばならない。なぜなら「そうしなければ自分も存在できなくなるだろう(2)」からだ(十九巻十二章)。すなわち、「戦争は、戦争を維持する本性のようなものをつねに前提としているが、本性のほうはある種の平和なしには存続できない(3)」(十九巻十三章)。

パスカルは『パンセ』のなかの「悲惨」という綴《リアス》りにおいて次のように述べている。「人々は、他人を傷つけずに自分たちの邪欲を満足させる他の手段を見出さなかった」（ブ四五四／セ二〇八）。自己愛や邪欲によってたがいに相手を隷属させ、滅ぼし合うよう駆り立てられうる人々を、政治的諸システムが共生させる。社会秩序があれば人々の邪欲は野放図にならず、各人は自分の境遇を受け容れ、なおかつ他者が自身の境遇を受け容れるのを妨げない。

その邪欲自体における人間の偉大さ。邪欲から驚くべき規則を引き出しえたこと、そしてそれで愛徳《シャリテ》の写し絵をつくったこと。（ブ四〇二／セ二五〇）

しかし、個々人の邪欲から引き出された集団の秩序は、本当に「愛徳の写し絵」なるものを表現しうるのだろうか？　その論証はまたしても逆説的ないし弁証法的である。すなわち、人間の悲惨が人間の偉大さを証明する。邪欲ないし自己愛は、感嘆すべき社会を生み出す、それは「愛徳の写し絵」、つまりは神の愛の表徴を生み出すのだ。〈支配ヘノ欲望〉、すなわち肉の秩序が、王、富豪、将官を生み、彼らは世俗社会に秩序をもたらす。したがって、個々人の利己主義の集合体は、弱肉強食の掟や無政府状態ではなく真の秩序に行きつくことになる。

ところが、この秩序の絵図は当然のことながら見せかけである。この愛徳の表徴は、必然的に偽りなのだ。邪欲による社会秩序は愛徳に負うところは一切なく、ただその表面的なイメージであり模造品にすぎない。したがって、「欺瞞性」の綴《リアス》りには、こうある。

すべての人間は、生まれつきお互いに憎み合っている。人はできうるかぎり邪欲を利用してそれを公共の善のために役立てようとした。けれどもそれは見せかけだけであり、神の愛《シャリテ》の虚像にすぎない。なぜならば、根本においては、それは憎悪にすぎないからである。（ブ四五一／セ二四三）

無秩序の誘因である邪欲だが、まず何らかの秩序に社会を規制してもらう必要があり、それによって自分の欲を満たせるようになる。相対的で表面的、一時しのぎの平和が支配してはじめて、様々な貪欲さが発揮されうる。たとえば、「尊敬される社会集団《オノラータ・ソチエタ》」たるマフィアによって搾り上げられる貧民街において、あるいはマフィア組織内部においてのように。しかし、そのような世俗社会の秩序は、愛徳ではなく憎しみを基盤として打ち立てられている。「完成された紳士《オネットム》」の理想に応える社会も、似たようなものだ。各自の自己愛が他の人々の自己愛と妥協して、みずからを満たせるようになっているのだから。

人は邪欲から、政治、道徳、正義についての驚くべき規則を引き出し、根拠づけたのであった。／しかし根本においては、人間のこの性悪な心根、この〈悪シキ素地〉は、おおわれているにすぎず、取り去られてはいないのである。（ブ四五三／セ二四四）

『蜂の寓話』や資本主義の正当化にいたるには、まだほど遠い。パスカルは悪徳が利用しうるものだと主張するのではなく、自己愛がおのれを制限し、邪欲を規制しうるものだと述べているのであって、その結果、邪欲は他者を法外に苦しめることがなくなり、またその見返りに他者もみずからの利己主義を緩和するようになるという。すなわち、自己愛そのものが、他の人々に対する自我の暴虐を中和する。これをフロイトは抑圧と呼ぶことになろう。

37

「もしもおまえが私を見つけていたのでないならば、おまえは私を探しはしないだろう」

「フランス文学の中でもっとも乱雑に扱われた句の一つは、間違いなくパスカルの「もしもおまえが私を見つけていたのでないならば、おまえは私を探しはしないだろう」である」とジュリアン・グリーンは『日記』に書き留めている。「しかしこの句は、少なくとも見かけにおいては難解なものではない」と言う(1)。

この句は、一六五五年初頭に書かれた瞑想「イエスの秘義」のなかに見られる。おそらく「火の夜」の啓示のあと、ポール・ロワイヤル・デ・シャン修道院にパスカルが滞在していたあいだのことである。「イエスの秘義」という題はパスカルの自筆ではないが、本人の書き方には沿っている。パスカルは、おもに聖マタイの福音書に従いながら、イエスの生涯のできごとの霊的な意味を探っていくのだ。

イエスはその受難においては、人間たちによってご自身になされる責苦をお受けになる。けれどもその魂の苦悶においては、ご自身にみずからお与えになる責苦をお受けになる。[…]それは人間の手ではなく全能の神の御手による責苦であって、それに耐えるためには、全能でなければならない。／[…]

／彼はこの苦痛とこの孤独を夜の恐れのなかで味わう。／イエスが嘆きの言葉を発せられたのは、このときだけであると私は思う。しかしこのときには、イエスはあたかも極度の苦しみをもはや抑えきれなかったかのようにお嘆きになる。「私の魂は死ぬばかりに悲しい」[2]［…］／イエスはこの世の終わりまで魂の苦悶のうちにおられるであろう。その間は眠ってはならぬ。（ブ五五三／セ七四九）

私たちがくだんの励ましに出会うのは、この瞑想に続いてのことなのだ。

心を悩まさないでよい、もしもおまえが私を見つけていたのでないならば、おまえは私を探しはしないだろう。（ブ五五三／セ七五一）

またしても、文のかたちは逆説的、あるいは堂々巡り的ですらある。これは恩寵の性質をとらえようとしているからであり、また恩寵は神秘的であるからなのだ。パスカルは『恩寵文書』においてカルヴァン派とモリナ派の矛盾を乗り越えようと試み、救霊予定と自由意思を和解させようとしているが、論点の先取り以上のものを生み出しえたかは怪しい。

パスカルはここでは、聖ベルナール・ド・クレルヴォー〔十二世紀フランスのシトー会修道士。愛と謙遜の神秘神学を説いた〕から着想を得ている。〈アナタヲスデニ見ツケタ者デナケレバ誰モアナタヲ探スコトハデキナイ〉（『神ノ愛ニツイテ』七章二節）

探し求めるのはすべて恩寵の結果であるのだから、神を探すことは、神に探されているということなのだ。探し求めるのは人間の行為であると同じくらい神の行為である。それゆえパスカルは『罪人の回心について』では、恩寵によって貫かれた魂の矛盾に関して、反対推論ニヨリ〔ある推論に対して、それと同じ形式を持ちながらも、仮定が対立するゆえ帰結も対立する論法〕、次のように書く。神は「恩寵を拒絶する人々からのみ奪い去られること、なぜならば神を欲することは神を得ることであり、神を拒否することは神を失うことであるからだ(3)」(『罪人の回心について』)。

パスカルがその直前に言及しているのは、「身についた信仰のおこない」すなわち機械についてであり、典礼の尊重が第一の信じかたへ導くとし、次に「恩寵の光の助けをえた理性」という信仰への道のりの第二段階がくるという。機械、理性、恩寵という三つの契機をここに見分けられる。

高名なパスカル研究者であるドミニック・デコットが書いているとおり、「人間の側からの探求はすべて、その者がすでに神の側からの呼びかけの対象となっていること、そしてある意味では、その者は探しているものをすでに見出していることを前提としている(4)」(『霊的著者パスカル』)。

人間を探し、神に探されることを求めるようにその人間を導くのは、神なのだ。神は信仰のはじめの萌芽を芽生えさせ、ついで第二段階において、神を探し求める人間を探し求める。

［…］人間による神の追い求め方は二つあります。神による人間の追い求め方も二つです。［…］というのは、神は人間をお探しになって、その人間に信仰のかすかな兆しを与え、道に迷うその人間が神に向かって「主よ、あなたのしもべをお探し下さい」と叫ぶようにしむけますが、そのようにして下さるための探し方と、それから叫ぶ人間のその願いを神がかなえ、人間に神ご自身のお姿を現されるために、人間をあらためて追い求めて下さるときの探し方とは、まったく異なるのです。そもそも、「あなたのしもべをお探し下さい」と言っていた人〔ダヴィデを指す〕は、間違いなく、すでに探され、見出さ

れていました。しかし、預言の霊を受けていたその人は、神が自分を別の探し方であらためて追い求めて下さることをよく知っていたため、第一の仕方で神に祈ることで、第二の探し方で神に追い求めていただこうとしていたのです。[5]（『恩寵文書』）

ジュリアン・グリーンが感嘆した考察は、『恩寵文書』のなかにすでに見られていたのだ。

〔…〕「あなたのしもべをお探し下さい」と言っていた人は、間違いなく、すでに探され、見出されていました。（同上）

パスカルの逆説あるいは堂々巡りは、解決されてはいないとしても、神による人間の探求および人間による神の探求が立て続けに二通りあるとする描写によって、少なくとも解明はされている。

〔…〕私たちが神をかすかながらに探すときの探し方は、神が私たちに世の様々なしがらみから逃れたいというはじめの願望を与えるときのものであって、神がそれらの束縛を断ち切って下さったあと、私たちが神に向かって歩み、神の教えの道を走っていくときに神を探す探し方とは、まったく異なります。（同上）

だが、もっとも重要なのは最初の一言「心を悩まさないでよい」だ。パスカルは『パンセ』において、なおも言うだろう。

もしもおまえが私を得ていないのであれば、私を探し求めはしないであろう。／だから心配してはいけない。（ブ五五五／セ七五六）

心を悩まさないでよい、心配してはいけない。神は人間に話しかけ、勇気づける。

私は、私の指導のもとで研究を始める学生たちに向けて、この句を長らく繰り返してきた。「きみは見つけていたのでなかったら探しはしないはずだよ」と。哲学者のハンス＝ゲオルグ・ガダマーは、解釈学的循環が、悪循環などではなく、理解するという行為を築くものであると定義していた（あらゆることの意味より先に理解がある）。パスカルがみごとに言い表したのは、あらゆる探求の原則なのだ。プルーストがこの句について「パスカルの崇高なる言葉」と話していたとおりだ。

38 隠れたる神

パスカルの友人ロアネーズ公の妹、シャルロット・ド・ロアネーズは、一六五六年八月、『プロヴァンシアル』による論争の渦中にあるパリのポール・ロワイヤル修道院を訪れた。そしてすぐに、修道女として俗世を捨てポール・ロワイヤルに入りたいとの気持ちを表わした。兄は妹をポワトゥーへ連れて行き、召命が本物か試させた。続いて一六五六年九月から一六五七年二月までのあいだに、パスカルとの文通が頻繁に交わされた。パスカルは、霊的指導者のようなかたちでシャルロットにかかわる。押しつけがましくならないよう、シャルロットの回心に寄り添っている。ところで、パスカルの書簡において、のちに『パンセ』における教説の中心となる、隠れたる神の主題が生まれてくるのが見て取れる。

もし神が人々に対していつも御姿を顕わにされているなら、信じる功徳などなくなってしまいます。そしてもし神がまったく御姿を顕わにされないのなら、信仰はほとんど消えかねません。しかし、神は通常は隠れておられ、ご自分への奉仕へ招きたいと望まれる人々に対して、まれに御姿を現されます。この不可思議な神秘のうちに神は姿を隠してしまわれ、人間たちの目では見通せないのですが、この神秘こそが、私たちも人の目を遠く離れて孤独へ赴くようにとうながす大切な教えなのです。[1]（一六五六年十月二十九日頃）

つねに覆い隠されているわけでも、つねに顕わにされているわけでもなく、神はもっとも多くの場合、隠れているが、時たま姿を現す。神が隠れていればいるほど、姿を現すときに人間たちの側の注意力が要求される。

神は受肉されるまでは、私たちの目には触れないよう自然のヴェールに覆われ、その下に隠れたままでおられました。神が御姿を現さねばならなくなったとき、神は人間の身をまとわれてさらに深く隠れられました。神は目に見える姿になられたときではなく、見えなかったときの方がずっと神であることが分かりやすかったのです。[2]（同上）

神は人となり、キリストとなった、その神はまたしても隠れたる神であり、さらに深く隠れたる神なのだ。

〔…〕イザヤが預言の霊を受け「まさしくあなたは隠れたる神」と言ったとき、イザヤはその状態の神を見ていたのだと私は思います。まさにそれが究極の神秘であって、神はそこにおられうるのです。〔…〕あらゆるものが、なんらかの秘義を覆い隠しています。あらゆるものが神を覆い隠すヴェールなのです。キリスト教徒たちは、すべてのもののうちに神を見分けなければなりません。[3]（同上）

「自然のヴェールの下に」隠れ、受肉による人間性のもとに隠れる神は、パスカルが次いで明確にする通り、聖体の秘蹟におけるパンと葡萄酒の形態のもとにもまた、聖書の文字通りに隠れている。

そのようなわけで、『パンセ』にはイザヤ書の〈御自分ヲ隠サレル神〉（四十五章十五節）のモチーフが繰り返し現れ（ブ五一八／セ七五二）、パスカルは、この世における神の摂理の作用が人間たちを通して目に見えると主張する神学者たちを、嘲弄するのだ。パスカルは反論して曰く、聖書は、

> その反対に、神が隠れたる神であること、そして〔原罪によって〕本性が腐敗してからというもの、神は人間たちを盲目状態のうちに置き去ったのであり、そこから抜け出るのはイエス・キリストによるしかないのであって、イエス・キリストを通さなくては神との交わりの道は一切絶たれている、と述べているのだ。［…］／聖書が多くの箇所で、神を探し求める者は神を見出すと述べるとき、われわれに示そうとしているのは、このことなのだ。聖書の言うのは、昼日中の陽の光のような光のことではない。真昼に光を探し求め、あるいは海中で水を探し求める者はそれらを見出すであろう、などとはふつうは言わない。したがって、神の存在の明白さが自然の中にそのまま見られなくて当然なのだ。であるから、聖書は別の箇所で、〈マコトニアナタハ御自分ヲ隠サレル神〉とわれわれに述べているのである。（ブ二四二／セ六四四）

パスカルは次のことを示そうとしているのだ——

神は御自分を隠そうと望まれた。［…］／神がこのように隠れているのであるから、神が隠れていると言わないすべての宗教は、真ではないし、神が隠れている理由を説明しないすべての宗教は、人に何も教えない。われわれの宗教はこれらすべてを果たす。〈マコトニアナタハ御自分ヲ隠サレル神〉。（ブ五八五／セ二七五）

弁証法的反転によって、神が隠れていることはキリスト教への反論とはならず、むしろそれによってキリスト教の真理性の根拠となる。キリスト教が真の宗教である証拠は、神が隠れていることを認め、キリスト教の諸真理は不確かさに浸りきっていると認めるという点そのものにある。そのようなわけで、信徒にも無神論者にも勧められるのは、謙虚さと注意深さであって、確信や満足ではないのだ。神は自己愛によって盲目となった人々に対しては姿を隠し、純化された心に対して姿を現すのだから。

神が自らをお隠しになったことについて不満を述べるかわりに、神が自らをこれほどお示しになったことについて感謝をすべきであるし、かくも聖なる神を知るのにふさわしくない傲慢な知者たちに自らをお示しにならなかったことにも感謝すべきである。／二種類の人たちが神を知っている。その知性の高低がいかなる程度であるかを問わず謙遜な心をもち、自分たちの卑賤さに対して愛情をもっている人々、あるいはいかなる抵抗がそこに認められようとも、真理を見るために充分な知性を有している人々。（ブ二八八／セ一二三）

ここに漸進法をふたたび見出せる。神がヴェールを払って姿を見せるのは、素朴な者と洞察力のある者たちに対してであって、両者のあいだにいる傲慢な者たちに対してではない。これほど清浄無垢な神が、心の浄化された人々にしか自らをお示しにならないというのは正当である。（ブ七三七／セ六四六）

39 幾何学の精神、繊細の精神

パスカルが放った有名な対句で、一般的な表現となってしまったものがある。ラジオでもどこでも軽々しく引用されるようになり、ジュリアン・グリーンが『パンセ』の別の断章について言ったような「乱雑な扱い」[1]をしばしば受けるその対句とは、幾何学の精神と繊細の精神である。これが安易にも理系と文系の区別と同じにみなされてしまい、C・P・スノーがケンブリッジで一九五九年におこなった残念な講演では、これら「二つの文化」は過度に対立を強調され、両立しえないものと断じられている。[2]パスカルの分析はより緻密で、実際は幾何学、正確、繊細という三つの精神を区別しており、これらの精神は、原理を起点として推論する三つの方法によって特徴づけられる。

幾何学の精神にとっては、

原理は手で触れられるほど明白なのだが、普通の使われ方とはとても異なっているので、慣れていないとそちら側に頭を向けるのに苦労する。けれども、そちらに頭をちょっとでも向けてみれば、原理はあますことなく理解される。（ブ一／セ六七〇）

数学的原理は分かりやすいものではなく、日常的習慣を狂わせる。「なじみのない」ものであり、直感に反している、と今日なら言うかもしれない。パスカルの時代には、それは閉ざされた世界とは反対の無限の宇宙であり、あるいは、幾何学的空間の無限の分割可能性であって、シュヴァリエ・ド・メレには受け入れがたいものだった。[3] 今日ならば、一般相対性や、死んでいると同時に生きている、あの「シュレーディンガーの猫[4]」であろう。

一つ目の断章では、パスカルは正確の精神を幾何学の精神に対置している。両者とも科学的であるが、異なる秩序に属している。正確の精神の特性は、「ほんのわずかの原理から結果を正しく導き出す」こと、「諸原理の結果を明確にそして奥底まで究める」ことだ。幾何学の精神のほうは、「多くの原理を含むものから結果を正しく導き出す」ことであり、「多数の原理を混同せずに理解」できるということ。あるいはまた、

前者は力があってまっすぐな精神であり、後者は多くのものを含む広さをもつ精神である。（ブ二／セ六六九）

正確の精神の例として、パスカルは「水圧の結果」すなわち、大気の重さについてと真空についての自身の仕事を挙げる。[5] この区別は、物理学と幾何学の区別であり、両分野では精神がそれぞれ違ったかたちで用いられることをパスカルは経験上知っている。

二つ目の断章では、パスカルは、「原理は手で触れられるほど明白なのだが、普通の使われ方とはと

ても異なっている原理」をもつ幾何学の精神と、繊細の精神を対置し、後者の「通常の用いられ方をしており、誰もが目にしている」が、「とても複雑であってしかも多数にのぼるので、見落としをなくすことはほとんど不可能」とする（ブ一／セ六七〇）。

ここでまた、ある誤解の先回りをしておこう。問題にされているのは、原理を立ててそこから諸結果を演繹することなのだ。それゆえ、繊細の精神は、第一原理（時間、空間、数）を本能的につかむものとパスカルがみなす「心」とは、混同されるものではない。パスカルが言うのは、これら二つないし三つの精神にとって、原理は同じ秩序に属していないということなのだ。正確の精神にとっての原理は単純素朴。幾何学の精神にとっての原理は、きちんと定義されてはいるが、数が多く、なじみがない。繊細の精神にとっての原理は、なじみはあるが、数が多く、複雑微妙。

この三つ目の場合では、

それらの繊細の原理はほとんど目に見えないのであって、見て取るというよりむしろ感じ取るものであり自分自身で感じ取れない人々にそれを感じ取らせるためには、気の遠くなるほどの苦労を払わねばならない。それらの原理はあまりに複雑微妙で、しかもあまりに数が多いので、それらを感じ取り、そしてその感覚に従って間違いなく正当な判断をするためには、まさに繊細でごまかしのない直観力が必要とされるのだ。そしてほとんどの場合、その感覚を幾何学におけるように秩序立てて証明することはできない。なぜならば、人はそのようなかたちで諸原理に通暁するわけではなく、それらの原理を秩序立てて証明しようと試みれば、きりがないからだ。ただの一目で一挙にものごとを見て取らなければならず、少なくともある段階までは、推論を進展させるやり方は取らない。（同上）

繊細な精神は、「目につかない仕方で、自然に、作為を用いず」推論する。「ただ一瞥でものごとを判断することに慣れてしまって」いるので――直観のおかげで――、その推論の諸段階は明瞭ではないが、幾何学の精神にとってと同様に、推論ではある。繊細な精神の諸原理は、一般的な慣習、世間に属すものなのだ。その領域は人生であり、人間についての認識であり、物理学者や幾何学者の能力とは異なる能力を要求する。繊細の精神は人間観察者《モラリスト》の精神だ。「しかし」とパスカルは付け加える、「歪んだ精神はけっして繊細な人でもないし、幾何学者でもない」（同上）。

パスカルは諸精神のあいだの違いにこだわる。要求される能力が異なるので、「幾何学者が繊細であったり、繊細な人が幾何学者であったりするのはまれなのだ」。繊細なものごとを扱おうとする幾何学者は笑いものになり、繊細な精神の持ち主は幾何学者による諸命題をなんら理解せず、その細部にうんざりさせられる。

パスカルはあえて口にしないが、両方の精神をもつ者もいくらかは存在し、幾何学者でしかないわけではない幾何学者たち、繊細なだけではない繊細な人たちがいる。それこそパスカル自身があてはまり、パスカルを科学においても人間観察においても同じくらい明敏な、精神の王者たらしめたのである。

40 完成《オネットム》された紳士

パスカルは、社交人の友人たちの前では自分は繊細さを欠いているとの気持ちを抱いた。シュヴァリエ・ド・メレは、一六五三年、自分がパスカルの「一行一行、進んでいく長々しい推論」に耐えている旨を手紙に書き、自分がパスカルの「迷妄を解いてやった」のだと言い切っていた[1]（「メレからパスカルへの手紙」）。友人たちは真理を探求するには別のスタイルを取るのがよいと考えており、それがパスカルに心や繊細さといった観念を思いつかせたのだ。

一六六〇年八月に、健康上の理由でフェルマへの訪問を断念したとき、パスカルは次のように付け加えていた。

［…］あなたはヨーロッパ随一の幾何学者だと私は考えておりますが、私があなたに惹きつけられたのはそのためではないように思えます。むしろ、あなたの会話には実に知性と完成《オネット》された人間性《テ》とが満ちあふれているように思い、そのために私はあなたと親交を深められればと願うのです。というのも、幾何学について率直に申し上げれば、私は、幾何学が精神をもっとも高度に使うものであるとは

存じながらも、同時にあまりに無駄なものであるとも承知しており、幾何学者にすぎない人間と器用な職人のあいだにほとんど違いがないとまでみなしているのです。(2)（一六六〇年八月十日）

晩年になって、パスカルは、「完成《オネット》された人間性《テ》」と会話は学問に勝ると判断していた。『パンセ』のある断章がパスカルの変化を思い起こさせる。

長い間、私は抽象的な学問の研究に従事していた。そして人がそれらの学問についてほとんど理解することができないので、私はその学問に嫌気がさしたのだった。人間の研究をはじめたときに、私にわかったのは、ああした抽象的な学問は、人間に適していないこと、その学問に深く入っていくことによって、私はその学問を知らない他の人たちよりも、自分本来のあり方からより離れてしまっていたということだった。他の人たちが、それらの抽象的な学問についてほとんど知ることがなくても、非難すべきではないと思った。しかし、少なくとも人間の研究においては多くの同志を見出せると思ったし、これぞ人間に適した真の研究であると思ったのだ。私は間違っていた。人間の研究をおこなう人たちは、幾何学の研究をおこなう人たちよりももっと少ないのである。（ブ一四四／セ五六六）

人間についての認識を得ようとしてみて、パスカルは先人を見いだせなかったので、ここでもまた自分なりの方法論を考え出さねばならなくなるだろう。

完成《オネットム》された紳士とは、まず尊敬に値し、社交的、慇懃で洗練されている人のことだ。だが、パスカルの友人たちは完成《オネット》された人間性《テ》について、より高尚な見解を抱いている。彼らにとって、それは、すべての人の幸福、平和「という至高の善」（ブ二九九／セ二一六）の追求を重んじる倫理的高貴さなのだ。「すべての人間は幸福になることを求めている」（ブ四二五／セ一八二）、これが完成された人間性《オネットテ》と『パンセ』に共通の前提である。したがって、完成された人間性《オネットテ》とは、人を喜ばせ、誰に対しても感じよくふるまい、愛される技法であり、社会で生きる技であって、完成された人間性《オネットテ》の理論家たる友人のメレやミトンによれば、それは他者の幸福をも含む、利他主義ということになる。「完成された人間性《オネットテ》は、自分が幸せでありたいと願いながらも、他者もまた幸せであるようなかたちを望む気持ちとみなされる［…］べきである」とミトンは説明していた。倫理的な美徳は、彼らにとっては自分たちの社会的価値と切り離せないものとなる。

「それほど苦労することなく幸福になるためには、そして、幸福を乱される恐れもなく確実に幸福になるためには、他の人々も私たちと一緒に幸せであるようにしなければならない。なぜなら、もし人が自分のことだけを考えてはばからないなら、いつまでも対立が続いてしまうが、私たちが他の人々も同時に幸福であるという条件でのみ自分も幸福になりたいというときには、あらゆる妨げは取り除かれ、すべての人が私たちに手を貸してくれる。私たちと他の人々との幸福のこうした案配こそを、完成された人間性《オネットテ》と呼ぶべきであり、それは言ってみれば、調整の利いた自己愛にほかならない[3]」（『完成された人間性《オネットテ》についてのパンセ』）

回心後、パスカルは友人たちから遠ざかることになるが、『パンセ』には完成された人間性《オネットテ》の理想のなにがしかが残っている。パスカルは英雄主義や超人を警戒する。完成された紳士《オネットム》とは、モンテーニュ風に言えば、普遍的で、ほどほどの、ただ人間的な人間のことだ。

「彼は数学者だ」とか、「説教家だ」とか「雄弁だ」などと言われるのではなく、「彼は完成された紳士《オネットトム》だ」と言われるようでなければならない。この普遍的な性質だけを私は好む。ある人間を見たときに、その著作を思い出すのは悪い徴しである。私は、たまたま何か能力を用いる機会があった場合を除き、いかなる能力も人に気づかれなかったというようでありたい。〈余分ナモノハ不要〉、ある能力が特に目立ってそこから命名されてしまうのは嫌だからである。（ブ三五／セ五三二）

パスカルは、専門家たちの衒学的態度、幾何学者や詩人の狭量さを、刺繡職人の狭量さと同様に非難する。

世間では、詩人の看板をかかげなければ詩に精通しているとは見なされない。数学者の看板をかかげなければ、などなど。けれども、普遍的な人間は看板をまったく必要とせず、詩人の職業と刺繡職人の職業との間にほとんど差異をおかないのである。（ブ三四／セ四八六）

理想的には、完成された紳士《オネットトム》、普遍的人間は、あらゆることを知っていなければならないだろう。それが無理なら、ほどほどのところへ、中庸であるところに落ち着くべきだ。

すべてに関して知りうることすべてを知ることによって普遍的存在になれはしないのだから、少しずつでもすべてについて知る必要がある。というのも、一つのことに関してすべてを知るよりも、すべてに関していくらかでも知っているほうがはるかにすばらしいからである。このような普遍性はもっともすぐれている。もしどちらも可能なら結構なことであるが、選ばねばならぬとすれば、後者を選ぶ必要がある。（ブ三七／セ二二八）

最後に、完成された人間性《オネットテ》は、またしてもモンテーニュにおいてと同様、友情の条件である。

「（私は道化もうぬぼれ屋も同じように憎む。）どちらも友人にはできないだろう。／［…］基準は完成された人間性《オネットテ》だ。／詩人であって完成された紳士《オネットム》ではない」（ブ三〇／セ五〇三）

41 ド・モン氏、ルイ・ド・モンタルト、アモス・デトンヴィル、サロモン・ド・テュルシー

「神が私をけっしてお見捨てになりませんように！」[1]（『パスカル氏の生涯』）、これがパスカルの末期の言葉だった。「メモリアル」では、信頼と確信が表されているにもかかわらず、パスカルは「わが神よ、あなたは私をお見捨てになるだろうか？」（セ七四二）とも問うている。懐疑は信仰と切り離せない。それゆえ、『パンセ』が自由思想家に吹き込もうとしている激しい不安は、『パンセ』の著者にとっても無縁の感情ではない。

『パンセ』の数多くの断章は悲劇的で、厳粛、敬虔、教化的だが、他の断章では、あるいは同じ断章であっても、快活さにあふれ、滑稽で、皮肉めき、おどけているものもある。

人間は必然的に気がふれているので、気がふれていないとすれば、それは別のかたちの狂気によって気がふれているということになるだろう。（ブ四一四／セ三二）

パスカルのうちには、論戦《ジューター》の騎士と遊戯者《ジューアー》とが同居していた。パスカルは、さまざまな仮面や分身、

偽名を好んでいた。神学博士やイエズス会士たちに抗する『プロヴァンシアル』の論戦真っただ中の一六五六年、パスカルはソルボンヌ大学近くの旅籠《ダヴィデ王》に身を隠す。これがのちにルイ・ル・グラン高校となるイエズス会士たちの牙城、コレージュ・ド・クレルモンの正面であり、パスカルは父方の祖母に借りたド・モン氏の名で泊るのだ。

フロンド派的な精神、マザリナード〔フロンドの乱の際に流行った、マザラン枢機卿に対する諷刺文や詩〕的なからかい口調にぞくぞくするような辛辣さが、パリ中のサロン、社交界の人々や女性たちのもとで、この「小さな書簡」を成功に導いた。パスカルはゲームに熱中し、地下に潜っての嘲弄を楽しみ、面白がって連載を続けていった。拍手喝采は、アンジェリック女子修道院長の顰蹙《ひんしゅく》を買った。彼女は、「回心させるよりも多くの人を楽しませている雄弁」によって得られる疑わしい栄誉や世俗的虚栄を批判していた[2](『プロヴァンシアル』第五信のあとのアントワーヌ・ルメートルへの手紙、一六五六年四月二日)。個々の『プロヴァンシアル』には著者の名がなかったが、一六五七年初頭に一冊にまとめられて、パスカルの名義人であるルイ・ド・モンタルト〔mont-alte は「高い山」の意で、パスカルの生地クレルモン・フェランを暗示〕の名で出版された。

パスカルが一六五八年にルーレットあるいはサイクロイドについての論文コンクールを立ち上げたとき、ヨーロッパ中の数学者たちに対して放たれたその挑戦状は、匿名で書かれた。ところが、パスカルはみずからのサイクロイド論を集めた際、あいかわらず地下に潜るのを好み、ルイ・ド・モンタルト Louis de Montalte のアナグラム〔文字を入れ替えると同じ語になる〕である『アモス・デトンヴィル Amos Dettonville の手紙』(一六五八年十二月–一六五九年二月)とし刊行した[3]。からかい好きで、ロアネーズ公やメレ、ミトンと笑いあうパスカルもいるのだと想像しなければならない。数学者というものには、子どもっぽいところがあるのだ。

人はプラトンとアリストテレスを、学者気どりの立派なガウンを身にまとっている姿でしか想像しない。二人とも実際は、気どりなどない通常の人たちであって、上機嫌で友人たちと語り合っていたのだ。そして彼らが『法律』や『政治学』を書いて気晴らしとしたときには、まるで遊びでもあるかのようにそれらの著作を書き上げたのだ。〔…〕彼らが政治について書いたのは、あたかも気違い病院に秩序を与えるためであるかのようであった。（ブ三三一／セ四五七）

『パンセ』には厭世観がみなぎっているが、趣きや味わいもまた存在する。

エピクテートスやモンテーニュ、サロモン・ド・テュルシーの文体は、もっともありふれたものであって、読者の気持ちのなかにとてもよく浸透し、記憶によく残り、引用される度合いがもっとも大きい。なぜならば、この文体は、日々のごく普通の対話から生まれた思想だけで成り立っているからだ。（ブ一八／セ六一八）

サロモン・ド・テュルシーの閑談、そしてまたルイ・ド・モンタルトやアモス・デトンヴィルのアナグラムは、エピクテートスやモンテーニュの会話のように、打ち解けた会話から生まれている。繊細の精神は、日常の諸原理について推論するが、「よいもの以上にありふれているものはない」[4]（『説得術について』）。『パンセ』は、クレオパトラの鼻やクロムウェルの尿管といった、愉快な例をかき集めるのをためらわず、以下のような興味深い観察もある。

びっこの人がわれわれの神経に障らないのに、びっこの精神がわれわれの神経に障るのはなぜか？（ブ八〇／セ一三二）

あるいは、

二つの似ている顔。どちらも片方だけでは笑いは起きないが、一緒にならぶと互いに似ていて笑わせる。（ブ一三三／セ四七）

ところで、確かに私たちは恐怖に駆られながら生きている。そう、人生とは不当なものだ。

牢につながれた一群の人間たちを想像してみるとよい。全員が死刑宣告を受けており、そのうちの何人かは毎日、他の者たちの面前で喉を切って殺される。残っている者たちは、仲間の運命に自分自身の運命を見せつけられて、苦しい思いで希望もなく、互いに顔を見合って、自分の番が来るのを待っているのだ。（ブ一九九／セ六八六）

この一節をマルローは『人間の条件』において、カミュは『ペスト』において、思い出したに違いない。

しかしパスカルは、けっして高望みはしなかった。

私が何も新しいことを言わなかったと言ってもらいたくない。材料の配列が新しいのだ。ポーム球戯をするとき、対戦する両者が打つのは一つの同じ球であるが、しかし片方が、その球をねらった場所へより巧みに打つのである。（ブ二二／セ五七五）

作品と人生とをゲームに見立てる、この皮肉めいて軽やかなイメージでしめくくろう。このイメージが私たちを見捨てることなど、けっしてありませんように！

訳注

1 「あの恐るべき天才」

（1）「考える葦。／私の尊厳を求めねばならないのは空間によってではなく、私がどのように正しく考えるかということによってである。土地をいくつも手に入れたところで、私が大きくなるわけではない。空間によって宇宙は私をつつみ込み、一点として私をのみ込む。考えることによって私は宇宙をつつみ込み、理解する」

（2）この断章は、宇宙のかなたへ向かうマクロな世界の無限と、原子などのミクロな世界へ向かう無限とを具体的に描き出す。「無限のうちにおけるひとりの人間とは何であろう？／しかし、人間に同じような驚くべきもう一つの驚異を示すために、人間が知っているもののうちに最も微細なものを探求させたいと思う。一匹のダニが、その小さな体のなかに比較にならないほどより小さな部分、関節を持った脚を、その脚のなかに血管を、その血管のなかに血液を、その血液のなかに体液を、その体液のなかに水滴を、その水滴のなかに蒸気をもっていることを人間の目に示したい」など。本書30章参照。

（3）「賭けの断章」については本書34章、35章参照。

（4）「クレオパトラの鼻。もしそれがもっと低かったならば地球の全貌は変わっていたことであろう」「愛の原因と結果。／クレオパトラ」

（5）「クロムウェルはすべてのキリスト教国を席捲しようとしていた。王家は破滅していたし、彼の尿道には小さな砂の粒がなければ彼の家系はかつてないほど強力となるはずだった。ローマの教皇庁すらも彼の支配の下にふるえ上がるところであった。しかし、この小さな結石がそこにおかれたので、彼は死に、彼の家系は位を奪われ、すべては平和になって王は復位したのであった」

（6）「村の女王たち」については本書33章参照。

（7）プルースト、吉川一義訳『失われた時を求めてI　スワン家のほうへI』岩波文庫、二〇一〇年、六九頁、七一頁より引用。

2　「靴のかかと」

（1）新共同訳聖書では、「コヘレトの言葉」。

（2）サン＝シランの教育理念に基づき、一六四六年に設立された少人数の私塾的学校。ポール・ロワイヤルの修道尼が女子教育を、隠士が男子教育を担当した。パスカルも本格的に協力したものの、道徳教育が重視されるあまり試験結果を貼り出さないなどといった学校の方針には疑問を抱いたようだ。一六五六年に解散命令が出され、六〇年には完全消滅したが、名高い文法や論理学の書を残した。

3　自己愛

（1）手紙の本文および解題、解説は「父パスカルの死」（飯塚勝久訳）、『メナール版パスカル全集　第一巻』（日本語版編集　赤木昭三・支倉崇晴・広田昌義・塩川徹也、白水社、一九九三年、以下『メナール版全集（一）』と略す）、一八二一‐二〇一頁（引用の対応箇所は一九一頁）。

（2）『恩寵文書』（望月ゆか訳）は解題・解説も含め『メナール版パスカル全集　第二巻』（日本語版編集　赤木昭三・支倉崇晴・広田昌義・塩川徹也、白水社、一九九四年、以下『メナール版全集（二）』と略す）、六六‐二九五頁（対応箇所は二〇三頁）。

4　「誤謬と偽りの女主人」

（1）フランス語の「想像力（イマジナシオン）」は女性名詞であるため、「女主人」という女性のイメージで表される。

（2）「パスカルよりノエル神父への手紙　一六四七年十月二九日」。ノエル神父との真空嫌悪説をめぐる論争については、『真空論序言断章』（赤木昭三訳）『メナール版全集（一）』、一六四‐一八一頁。

5　「パスカル氏の生涯」

（1）ジルベルト・ペリエ『パスカル氏の生涯』（赤木昭三訳）、『メナール版全集（一）』、二三‐七九頁。引用に対応するのは二三頁。なお、「第一稿」「第二稿」のテクスト確定はメナールによる。「第一稿」は、一六八四年アムステルダムでの刊行の初版のもとになり、以後正統な伝記として広く読まれてきたもの（コンパニョンが一六八六年としているのはフランスでの初版）。「第二稿」はこれにジルベルトが加筆修正を加えたが生前は出版されなかったものと推定される。

（2）同書、二七－二八頁。

（3）同書、二八頁。

（4）ジャンセニスト論争については本書8、9、15章等を参照のこと。

（5）日本語版編集の『メナール版パスカル全集』には未収録の「証言集 Recueil des choses diverses」にソルボンヌ大学のマルシエ神父の言葉として採録されている。

（6）「火の夜」については、本書20章を参照のこと。

（7）『パスカル氏の生涯』、五四頁。

（8）パスカルはヨーロッパの数学者たちに対し、サイクロイドに関する問題を回状にして送って解答を求めた後、みずから問題の解答を含む手紙を書いた。「ルーレット一般論」「あらゆるルーレットの曲線の長さ」（原亨吉訳）、『パスカル数学論文集』、ちくま学芸文庫、二〇一四年、二六六－二九二頁。

（9）『パスカル氏の生涯』、二九頁。

（10）『数三角形論』は、賭けの分け前に関する確率計算への関心から執筆された。「数3角形論」「単位数を母数とする数3角形の様々な応用」（原亨吉訳）、『パスカル数学論文集』、前掲書、二三－七四頁。

（11）「パスカルの回心についてのジャクリーヌの手紙」（西川宏人訳）、『メナール版全集（一）』、三一八－三二九頁に収められた三通の手紙のうちの一通「ジャクリーヌから姉ジルベルトへの手紙　一六五五年一月二十五日」より、三二二頁。

（12）「五ソル乗合馬車に関する書類」（佐藤正之訳）、『メナール版全集（二）』、五六四－五八五頁。

（13）『パスカル氏の生涯』、四四頁。

6 「この世の女王」

（1）「力」を指す。『パンセ』の断章「この世の女王は、力であって世論ではない。しかし世論は、力を用いる女王である」（ブ三〇三／セ四六三）より。「力（フォルス）」も「世論（オピニオン）」も女性名詞であるため、支配者として「女王」のイメージをとる。

（2）フロンドの乱は、マザランの中央集権化路線に不満を持つ高等法院・貴族の反乱に、民衆が加わった反王権運動。一六四八年五月から一六四九年三月までは高等法院のフロンド、一六五〇年から一六五三年までは貴族のフロンドと呼ばれ、パリの騒乱が全国規模の内戦に発展した。フロンドとは、当時の若者に流行した投石器のこと。

（3）フロンド派の貴族がポール・ロワイヤルに好意的だったということも、王権から圧迫を受ける一因となった。高等法院の人々とポール・ロワイヤルの結びつきについては本書12章参照のこと。

7 「説得術について」

（1）「説得術について」は『幾何学的精神について』（支倉崇晴訳）に収められた断片。『メナール版全集（一）』、三九三－四四五頁（引用の対応箇所は四一三頁）。

（2）同書、四一三－四一四頁。

（3）同書、四一五頁。

（4）同書、四一六頁。

（5）「第一原理」とは、哲学においては他のものから推論できず、疑いえない確実な命題のこと。思考の根拠となる原理。デカルトは「私は考える、ゆえに私は存在する」を第一原理とした。パスカルは、『幾何学的精神について』の前半に収められた「幾何学一般に関する考察」において、空間、時間、運動、数などを、定義不可能な根源的な語とし、幾何学の明白な原理と位置付けている。

（6）前掲書、四一三頁。

8 圧制

（1）五命題をパスカルは次のように要約する。「神の掟は守れるものではない。人は恩寵に逆らえず、人には善悪をおこなう自由はない。イエス・キリストはすべての人のために死んだのではなく、救霊を予定されている人々のためにだけ死んだ」(『プロヴァンシアル』第十七信)。

9 決疑論

(1)「決疑論」は、倫理神学の用語であり(ラテン語で「カズイスチカ」)、個別的なケース(カースス)に応じていかに道徳的規範を適用し、良心の問題を解決するかについての論や方法を意味する。日本語訳の「決疑論」は、良心の疑惑を解決するために論じる、という意味を表そうとしていると考えられる。なお、英語やフランス語の「決疑論(カズュイトリー、カズュイスティック)」は現在、おもに「詭弁、こじつけ」の意味で使われる。

(2)「心内留保」は決疑論の用語で、うそをつかずに相手を欺くため、理解されるのとは異なる意味で言葉を用いることだが、ここでは欺かれるのは相手ではなく自分の良心ということになる。

(3)「教会ははっきりと決闘を禁じたが、散歩は禁じていない。/また暴利も禁じたが……/また聖職売買も禁じたが……/また復讐も禁じたが……/また男色も禁じたが……/また「何ヨリ先ニ」としたが……」セリエ版の注によれば、マスカレナによる『聖体拝領の聖なる秘蹟について』に以下の説明がある。「司祭がなんら必要もないのに、純粋な悪意から、大罪の状態にあるままでミサをおこなう場合、トレント公会議が命じていること、つまり「何ヨリ先ニ」告解するという義務はない。なぜなら、公会議は、必要に迫られて告解を省いてしまった者について述べているのであり、悪意から告解を省いてしまった者については述べていないからである」。なお、告解とは、罪を告白して悔い改め、神と教会のゆるしを得る秘蹟のこと。

(4)真か偽かの絶対確実な認識はありえない以上、すべての判断には蓋然性が含まれるとする考え。特に道徳論において、ある行為を可とする根拠があればこれをなしてよいとする考え方。

10 父

(1)『パスカル氏の生涯』、『メナール版全集(一)』、二三頁。

(2)『メナール版全集(一)』の年譜(湟野正満訳)に『ジャクリーヌ・パスカルの生涯』の引用該当箇所あり(四七六頁)。また「ジャクリーヌの修道院入りに関する家族の揉めごと」(朝比奈誼訳)、同書、二二四-二七一頁にこの件をめぐるジャクリーヌの手記(一六五三年六月十日)とその解説がある。

（3）同書、年譜にジルベルト・ペリエ『ジャクリーヌ・パスカルの生涯』の引用に対応する箇所あり（四八四頁）。
（4）『パスカル氏の生涯』、『メナール版全集（一）』、四八頁。

11 **「コペルニクスの学説を深く掘り下げなくてよいと私は思う」**

（1）若干十五歳のジャクリーヌは、詩のコンクールで優勝した際、授賞式には出席せず、当時のフランスで最高の劇作家とみなされていたコルネイユがジャクリーヌの代理を務め、「感謝の詩」をつくった（ジルベルト・ペリエ『ジャクリーヌ・パスカルの生涯』）。ジャクリーヌは二年前に患った天然痘によるあばたが顔にあり、人前に出るのが嫌だったと推測される。

12 **パスカルとマルクス主義者たち**

（1）リュシアン・ゴルドマン、山形頼洋訳、『隠れたる神　上・下』、社会思想社、一九七二年
（2）「レーモン・スボンの弁護」は『エセー』第二巻の第一二章にあたる（モンテーニュ、宮下志朗訳、『エセー4』、白水社、二〇一〇年）。

13 **「この無限の諸空間の永遠の沈黙が私を恐怖させる」**

（1）ボードレールの詩「深淵」（一八六六年に刊行された詩集『現代高踏詩集』所収のボードレールの詩十六篇「新・悪の華」のうちの一篇）は、次の通り。
「パスカルに深淵ありて、いずくにも、ついてまわりき。／――ああ、なんと！　すべては底なしの謎――、何をしたとても、何を欲せど、夢見れど、／何を語れども！　して、ぞっと逆立つわが毛の上を、／幾たびもわれ感ず、恐怖の風の吹きゆくを。／上に、下に、ここかしこ、深みあり、動く砂州あり、／静寂あり、人を引き込む恐ろしき空間あり……／わが夜な夜なの奥底に、神が巧みな指をもて／描きたまうは、次々にかたち変えゆく悪夢なり。／われは眠りを恐る、大穴を人の恐るるごとく、／莫たる恐怖満ち、いずこか知れぬ先へと通ずるゆえに。／どの窓からも、見えるは無限ばかりなり、／わが精神は、絶えずめまいに襲われて、／五感無き虚無をうらやむ。／――ああ！〈数〉からは、また〈存在〉からは、けっして抜け出せぬ」
（2）シャトーブリアンによる『キリスト教精髄、あるいはキリスト教の魅力』（一八〇二年）は、十八世紀の反キリス

ト教的啓蒙思想を打倒するべく、キリスト教の再評価を試みた書。フランス革命の恐怖政治を経た直後にあって、大きな反響を呼んだ。テーマは教義から文学・芸術、歴史、社会に広く及び、キリスト教という宗教のもたらした豊かな美や善を論じている。以下、パスカルについての引用は、第三部「芸術と文学」の第二編「哲学」第六章「続・人間研究家（モラリスト）たちについて」から取られている。

（3）『ヴァレリー集成Ⅳ　精神の〈哲学〉』、山田広昭編訳、筑摩書房、二〇一一年、八八‐八九頁より引用。

（4）世の称賛を浴び、畏敬の対象となっているヴァレリーが本当に「偉大な詩人」なのかどうか、キップリングの物語に登場する知りたがり屋の象の子のごとく、無謀な問いかけを厚かましくも試みるとする評論。ヴァレリーの詩句を多々引用しつつ、その平板さやわざとらしさを槍玉にあげ、パスカルの一句についてのヴァレリーの批判こそ傲慢そのものと結論付けている。

15

暴力と真理

（1）第十二信は、パスカルに反撃してきたイエズス会士たちに宛てて書かれている。

（2）手紙の表向きの宛名はアンジェリック・ド・サン・ジャンであるが、事実上はアルノーに宛てられた手紙であり、ジャクリーヌが直接アルノー本人に宛てた同日付の別の手紙のなかで、そのことを打ち明けている。

（3）「ジャクリーヌからアンジェリック・ド・サン・ジャンとアルノーへの手紙と信仰宣明文書名についてのデュ・ファルジの添え書き（一六六一年六月二十三日）」（朝比奈誼訳）、『メナール版全集（二）』、四九二‐五一六頁（引用の対応箇所は四九九‐五〇〇頁）。

（4）この問題には、ポール・ロワイヤル内部の対立が隠されている。一時的に教皇に屈する形になっても、五命題がジャンセニウスのものかどうかということより重要な「有効な恩寵」の教義そのものを守るべきとアルノーが主張し、ジャクリーヌたちは受け入れざるを得なかった。ジャクリーヌは良心を踏みにじられ心痛のあまり亡くなったとされる。前注の手紙のほか、「ジャクリーヌの尋問調書」「ジャクリーヌの死についての手紙」などを、同じ巻の「『信仰宣明文の署名』とジャクリーヌの死をめぐって」の項で読むことができる（四八三‐五四三頁）。

16

「体制上の偉さ、体制上の敬意」

（1）『大貴族の身分に関する講話』（塩川徹也訳）、『メナール版全集（二）』、四六二‐四七五頁（引用の対応箇所は四六七頁）。

（2）「パスカルからスウェーデン女王クリスティーナへの手紙」（永瀬春男訳）、『メナール版全集（一）』、二一五‐二二〇頁（引用の該当箇所は二一七頁）。

17 「逃げ去った思考」

（1）『パスカル氏の生涯』、『メナール版全集（一）』、三四頁。

18 「その者は天使でも、獣でもなく、人間である」

（1）『エピクテートスとモンテーニュに関するド・サシ神父との対話』（支倉崇晴訳）、『メナール版全集（一）』、三三〇‐三七〇頁。

19 リベルタン

（1）「リベルテ（自由）」と語源を同じくする「リベルタン」を本書では「自由思想家」と訳している。その理由は本章の説明にあるとおり、十六、十七世紀のパスカルが生まれてくる時代には、この語は当時の社会を規制していたキリスト教の教理を信じず、自由に考える人を指していたためである。十八世紀以降は、道徳にとらわれない「放蕩者」へと意味が変化していき、より卑猥で性的なニュアンスが濃厚になる。

（2）聖書の記述を元に世界の始まりを算出する普遍史に対し、中国の歴史書はそれ以前の年代から記述していることについて、十七世紀に議論が生じた。

20 「歓喜、歓喜、歓喜、歓喜の涙」

（1）ゲリエの解説本文は未訳だが、テクスト発見とその後の経緯については『メモリアル』（支倉崇晴訳）の解題・解説参照のこと。『メナール版全集（一）』、二九三‐三一七頁。

（2）「パスカルの回心についてのジャクリーヌの手紙」（西川宏人訳）、『メナール版全集（一）』、三一八‐三二九頁（引用の対応箇所は三一八頁）。

（3）同書、三二〇頁。

（4）同書、三二二頁。
（5）『病の善用を神に求める祈り』（支倉崇晴訳）、『メナール版全集（二）』、四二七 - 四六一頁（引用に対応するのは四二九頁）。
（6）賭けの断章については本書34、35章を参照のこと。
（7）ブランシュヴィック版は「メモリアル」を『パンセ』の他の断章とは別立てにしたため、番号が振られていない。以下の「メモリアル」の引用に対応するのは、『メナール版全集（一）』、二九四 - 二九五頁。

21 **パスカルの方法**

（1）『恩寵文書』は一六五五年から一六五六年に書かれたと推定される、以下の十五文書からなる。「神の掟を完全に守ることの可能性についての手紙」七文書、「掟の可能性についての叙論」五文書、「救いの予定についての論考」三文書。テクスト（望月ゆか訳・解題・解説）は、『メナール版全集（二）』、六六 - 二九五頁。
（2）『恩寵文書』の「救いの予定についての論考　一」、一八〇 - 一八一頁。
（3）同書、一八一頁。
（4）同書、一八二 - 一八三頁。
（5）『エピクテートスとモンテーニュとに関するド・サシ神父との対話』（支倉崇晴訳）、『メナール版全集（一）』、三三〇 - 三七〇頁（引用の対応箇所は三四六頁）
（6）同書、三四七頁。

22 **「崇高なる人間嫌い」**

（1）ジルベルト・ペリエ『パスカル氏の生涯』、『メナール版全集（一）』、三二頁。
（2）マルグリット・ペリエ『パスカルとその家族に関する覚書き』は、『メナール版全集（一）』の「年譜」に一部記載あり（四五五頁）。
（3）本書29章を参照のこと。パスカルの姪マルグリット・ペリエが聖棘に触れて奇蹟的に難病から治癒した件。

23 **「気晴らしのない国王」**

（1）ジャン・ジオノ『気晴らしのない王様』酒井由紀代訳、河出書房新社、一九九五年。一九四七年発表の小説。雪に閉ざされた辺境の寒村で、連続失踪事件が起きる。目に見えぬ犯人におびえる村人たち、白銀一色の世界に点々と滴る血の鮮やかさ。捜査に来た憲兵隊の隊長は、「気晴らし」をキーワードに犯人を突き止めるが、事件解決の後、みずからが「気晴らし」を必要とする倦怠の日々を送ることとなり、衝撃の結末へ向かう。

（2）ヴォルテール『哲学書簡』第二十五信「パスカル氏の『パンセ』について」（中川信・高橋安光訳、『哲学書簡・哲学辞典』、中公クラシックス、二〇〇五年）。

24 三つの秩序

（1）「パスカルからスウェーデン女王クリスティーナへの手紙」（永瀬春男訳）、『メナール版全集（二）』、二一六―二一七頁。

25 「心には心の言い分がある」

（1）『幾何学的精神について』（支倉崇晴訳）、『メナール版全集（一）』、四一三頁。

26 「それはモンテーニュのものとしてではない」

（1）『幾何学的精神について』（支倉崇晴訳）、『メナール版全集（一）』、四二五頁。

27 三つの邪欲

（1）聖書新共同訳では「なぜなら、すべて世にあるもの、肉の欲、目の欲、生活のおごりは、御父から出ないで、世から出るからです」。

（2）聖書新共同訳では「それを食べると、目が開け、神のように善悪を知るものとなることを神はご存じなのだ」

（3）日本円に換算して一万円ほど（一九九五年頃）。

28 救いの予定という神秘

（1）『恩寵文書』（望月ゆか訳）の「神の掟を完全に守ることの可能性についての手紙　七」（以下〈手紙〉と略す）、『メナール版全集（二）』、一二九頁。

（2）『恩寵文書』〈手紙三〉、同書、九一頁。

(3)『恩寵文書』(手紙四)、同書、一〇三頁。
(4)『恩寵文書』(手紙三)、同書、九二頁。
(5)『恩寵文書』「救いの予定についての論考　二」、同書、一九八頁。

29　**聖棘の奇蹟**

(1)イエス・キリストが磔刑の際にかぶせられた棘の冠に由来するとされる棘。聖遺物。
(2)ジルベルト・ペリエ『パスカル氏の生涯』(赤木昭三訳)、『メナール版全集(一)』、三五頁。
(3)同書、対応箇所は三五頁。

30　**中庸**

(1)「パスカルからロアネーズ嬢への手紙」(石川知宏訳)、『メナール版全集(二)』、三二二－三六二頁(対応箇所は三二八頁)。本書38章を参照のこと。

31　**二重の思考**

(1)『大貴族の身分に関する講話』(塩川徹也訳)、『メナール版全集(二)』、四六二－四七五頁(引用対応箇所は四六四頁)。
(2)章題は「自分の意志を節約することについて」(宮下志朗訳、『エセー7』、白水社、二〇一六年、一四〇頁)。
(3)前出、四六四頁。
(4)同上、四六四－四六五頁。

32　**「私とは何か?」**

(1)ルネ・デカルト、山田弘明訳、『省察』、ちくま学芸文庫、二〇〇六年、四七頁。
(2)同書、五四頁。
(3)デカルトもパスカルも、キリスト教文化圏の知識人は、動物が人間と同じ種類の思考力をもつとは考えなかった。動物に対し「兄弟姉妹」と呼びかけ説教したアッシジのフランチェスコのような特殊な人は別にして。

33　**村の女王たちと壁の飾り窓**

（1）ジルベルト・パスカル『パスカル氏の生涯』（赤木昭三訳）、『メナール版全集（一）』、五四－五五頁。
（2）『幾何学的精神について』（支倉崇晴訳）、『メナール版全集（一）』、四二六頁。
（3）『パンセ』では、この箇所の少し前に、「魅力と美のある原型が存在する」（ブ三二／四八六）とある。

34　「不確実なことのために働く」
（1）『エセー』第二巻第一二章「レーモン・スボンの弁護」において、モンテーニュは古代ローマの歴史家ティトゥス・リウィウスなども引用しつつ、哲学者を金網の籠に入れてノートル＝ダム大聖堂の塔の上からぶらさげてみることを想像する（宮下志朗訳、『エセー4』、白水社、二〇一六年、二七八－二七九頁）。
（2）『パスカル数学論文集』（原亨吉訳）、前掲書、五四－七四頁。数回にわたる勝負のなかで、賭けを中止するか、継続するか（不確実なことにさらに賭けてみる）という選択がある場合、それまでの勝ち負けの割合に応じて、配分される賭け金を計算するために、数三角形を用いるというもの。
（3）賭けることを選ばなければ、勝負の結果はその時点で決まり、確実になるが、賭けることを選べば、その時点で結果は不確実になる。勝つ運の比率が高ければ、賭けてみる確実さは高まり、それによって勝つかどうかの不確実さも高まる。勝つ運の比率が低ければ、賭けてみる確実さは低まり（賭けない可能性が生じる）、勝つかどうかの不確実さも低まる（勝負はあらかじめ決まってくる）。

35　「無限　無」
（1）神の存在をめぐるパスカルの問いかけは、人はみな死後に生前のおこないを神によって裁かれるという信仰を前提としている。人は必ず死ぬ、だからこそ死後の裁きは重要視されるのである。永遠の地獄か、永遠の命か――キリスト教国の社会に生きるパスカルにとってのこの問題の切実さ、深刻さは、キリスト教の定着していない社会においては理解されがたいという点に留意しながら読む必要がある。
（2）キリスト教の信仰において、死後に得られる「永遠の命」のこと。

36　私悪、公益
（1）バーナード・マンデヴィル、泉谷治訳、『蜂の寓話　私悪すなわち公益』、法政大学出版局、二〇一五年。

（2）アウグスティヌス、服部英次郎・藤本雄三訳、『神の国（五）』、岩波文庫、一九九一年（第十二章「すべての人間の戦闘や動揺は、かの究極の平和を獲得せんとする努力である」、五六－六三頁）。
（3）同書（第十三章「いかなる混乱においても本性の法によって奪い去られることのない普遍的な平和について」、六四－六八頁）。

37 「もしもおまえが私を見つけていたのでないならば、おまえは私を探しはしないだろう」

（1）ジュリアン・グリーンの『日記』における一九五〇年四月五日の記述。「乱雑に扱われた」とは「不正確な引用」のこと。この引用文の後半は「だが、テクストを正確に書き写すのは難しいことだ」となっている。グリーンは続いてジッドなどによる不正確な引用の例を挙げ、読者が不注意というだけでなく、引用文を自分流に改善して自分のものにしてしまいたいという無意識の欲求に駆られていると指摘する。また、短く切り詰めたパスカルの美しい文体の文意を読者がすぐには理解できず、自分の記憶に残すために改変してしまうのだとも説明している。
（2）「マタイによる福音書」二六章三八節および「マルコによる福音書」一四章三四節からの引用。
（3）『罪人の回心について』（広田昌義訳）、『メナール版全集（二）』、三六七－三七五頁（引用の対応箇所は三七〇頁）。
（4）Dominique Descotes, *Pascal, auteur spirituel*, Champion, 2006, p.437.
（5）『恩寵文書』（望月ゆか訳）の〔手紙二〕、『メナール版全集（二）』、八一－八二頁。

38 隠れたる神

（1）「パスカルからロアネーズ嬢への手紙」（石川知宏訳）、『メナール版全集（二）』、三二二－三六六（対応箇所は三二八－三二九頁）。
（2）同書、三二九頁。
（3）同書、三二九－三三〇頁。この引用の直前でパスカルは、聖体の秘蹟について述べている。なお、聖体の秘蹟とは、カトリックのミサ聖祭の根幹であり、最後の晩餐におけるイエスの言葉「これはあなたがたのために渡される私のからだ」「これは私の血の杯、あなたがたと多くの人のために流される永遠の契約の血」を司祭が唱え聖別すると、パンと葡萄酒がイエスのからだ（聖体）と血（聖血）に聖変化し、その聖体を信徒が拝領する（食べる）。本引用中で「その状態の神」というのは聖体の状態にある神を指し、また「神がおられうる究極の神秘」は、神の現存であるこの聖体の秘蹟を指す。

39　幾何学の精神、繊細の精神

(1)　本書37章を参照のこと。

(2)　チャールズ・パーシー・スノーは、物理学博士号をもち、科学技術省政務次官もつとめた官僚経験のある小説家。「二つの文化」の分裂・対立を論じて世界的論争を巻き起こした本講演については、邦訳もある（松井巻之助訳、『二つの文化と科学革命』、みすず書房、二〇一一年）。

(3)　「メレからパスカルへの手紙」（佐藤正之訳）、『メナール版全集（一）』、三八〇-三九二頁。一六八二年に初めて発表されたこの手紙は、実際にはパスカルに出されていないとされるが、「先日議論した小物体が無限に分割されうると主張なさる限り、貴君が数学者の病から完全に治られたとは思いません」（三八二頁）など、友人同士の議論の様子がうかがえる。

(4)　「シュレーディンガーの猫」とは、物理学者シュレーディンガーが量子力学の理論をもとにおこなった思考実験。ある条件のもと毒ガスを出すしかけを備えた箱に猫を閉じ込めると、理論的には毒ガスが出る確率と出ない確率は半々のため、猫が生きている状態と死んでいる状態が重ね合わされることになり、箱の中の猫は「生きていてなおかつ死んでいる」と言えてしまう。

(5)　パスカルの『液体の平衡および空気の質量の測定についての論述』（一六六三年）は、義兄フロラン・ペリエによる没後出版。

40　完成された紳士

(1)　「メレからパスカルへの手紙」（佐藤正之訳）、『メナール版全集（一）』、三八一頁。この手紙について、本書39章注（3）を参照のこと。

(2)　「フェルマからパスカルへの手紙とその返書」（赤木昭三訳・原亨吉解説）、『メナール版全集（二）』、四〇九-四一三頁（引用の対応箇所は四一二頁）。

（3）一六八〇年に刊行されたダミアン・ミトン・サン＝テヴルマンの *Mélanges mêlés*（雑纂集）所収。

41 **ド・モン氏、ルイ・ド・モンタルト、アモス・デトンヴィル、サロモン・ド・テュルシー**

（1）ジルベルト・ペリエ『パスカル氏の生涯』（赤木昭三訳）、『メナール版全集（一）』、五四頁。
（2）Pascal, *Les Provinciales, Pensées et opuscules divers*, éd. Ph. Séllier et G. Ferreyrol, 2004, p.195.
（3）正確な題は、『幾何学上の発見若干を含むA・デトンヴィルの手紙』。このなかの「デトンヴィルからド・カルカヴィ氏への手紙」がサイクロイド問題を扱っている。原亨吉訳『パスカル数学論文集』、一二四－一六六頁
（4）『幾何学的精神について』、『メナール版全集（一）』、四二五頁。

訳者あとがき

本書は Antoine Compagnon, *Un été avec Pascal*, Éditions des Équateurs / Humensis / France Inter, 2020 の全訳である。

原題は、直訳すれば「パスカルと過ごすひと夏」だが、すでに同じシリーズでモンテーニュを取り上げた *Un été avec Montaigne* が『寝るまえ5分のモンテーニュ』（山上浩嗣・宮下志朗訳、白水社、二〇一五年）の邦題で刊行されているため、これに合わせた。長い夏のヴァカンスをゆったり楽しむのが一般的なフランスに対し、多くの人が短いお盆休暇しか取らない日本では、むしろ読書の秋に「枕頭の書」として手に取っていただければと願う。

本書の原著は、フランス・アンテル放送の「パスカルと過ごすひと夏」というラジオ番組にて二〇一九年七月八日から八月二十三日までのひと月半、月曜から金曜の毎朝五分放送された全三十五回の内容に、さらに六回分を加えた全四十一章として出版されたものである。番組には著者のアントワーヌ・コンパニョン自身が出演し、女優のマリー＝ソフィー・フェルダヌが引用を朗読した。この番組は、そもそも二〇一二年夏放送の「モンテーニュと過ごすひと夏」の大成功に始まったシリーズであって、コンパニョンは二〇一三年にプルースト、二〇一四年にボードレールとの「ひと夏」も担当し、また二〇二一年八月現在、視聴者からのリクエストに応えて女性作家コレットとの「ひと夏」を実現中である。

　著者のアントワーヌ・コンパニョンについては、すでに十冊近くの著書の翻訳が日本でも出ており、詳しい紹介はここでは省くが、本書に関係することとして、文理融合型の経歴の持ち主である点には触れておくべきだろう。コンパニョンは、理工科大学校《エコール・ポリテクニック》と国立土木学校《エコール・ナシオナル・デ・ポン・ゼ・ショセ》を卒業した理系エリートでありながら、「楽しみ」のために始めた文学研究に転じ、その道を究め、フランスにおける人文学研究の最高峰といえるコレージュ・ド・フランスの教授を十五年務めるに至った。文学博士の学位論文を原型とした一九七九年刊の著書『第二の手、または引用の作業』（今井勉訳、水声社、二〇一〇年）では、神学ディスクールの分析とモンテーニュのエクリチュールの分析に多くの頁が割かれ、パスカルへの言及も見られる。文転のきっかけとなるこの論文を書き始めた時期に、ロラン・バルトの弟子にして友となった。その経緯は、『書簡の時代　ロラン・バルト晩年の肖像』（中地義和訳、みすず書房、二〇一六年、原書は二〇一五年刊）に詳しい。なお、「著者まえがき」に登場する「大切な人」は、このバルトの少人数セミナーで学生同士として出会い、のちに伴侶となったパトリツィア・ロンバルドのことである。ロンバルドは、十九世紀フランス文学・映画美学・芸術理論等を専門とするジュネーヴ大学名誉教授、二〇一九年六月二十八日に亡くなった。

　また、コンパニョンは『文学史の誕生　ギュスターヴ・ランソンと文学の第三共和政』（今井勉訳、水声社、二〇二〇年／原書は一九八四年刊）、『アンチモダン　反近代の精神史』（松澤和宏監訳、名古屋大学出版会、二〇一二年／原書は二〇〇五年刊）などにおいて、フランス文学史の再評価や読み直しをめぐる重要な仕事を達成している。本書にも「十八世紀から二十世紀にかけてパスカルがどう読まれたか」という視点が時折さしはさまれるため、読者はパスカルを通してフランス文学の諸相を垣間見ることができるだろう。

　本書の原著において使用されているパスカルおよびその周辺のテクストの底本は二種類ある。パスカルの主著『プロヴァンシアル』と『パンセ』については、フィリップ・セリエとジェラール・フェレロルの編集による版、Pascal, *Les Provinciales, Pensées et opuscules divers*, éd. Philippe Sellier et Gérard Ferreyrolles, Librairie générale française, coll. « La Pochothèque », 2004 が参照され、他の多くのテクストは、ジャン・メナールの編集によるパスカル全集 *Œuvres complètes*, éd. Jean Mesnard, Paris, Desclée de Brouwer, coll. « Bibliothèque européenne », 4 volumes parus, 1964 (1991), 1970 (1991), 1991, 1992 (I, II, III, IV) に従っている。この全集は、二〇一六年のメナール氏逝去により、肝心の『プロヴァンシアル』と『パンセ』の巻が未刊だが、既刊四巻のなかから収録テクストを厳選した上で日本語版編集『メナール版パスカル全集』第一巻「生涯の軌跡1 1623-1655」・第二巻「生涯の軌跡2 1655-1662」（白水社、一九九三年、一九九四年）が翻訳刊行されている。本訳書では、日本語版全集に収録されているテクストについては、対応するページを記した（ただし引用文は全体の統一のため新たに訳出した）。なお、原著ではドミニック・デコットとジル・プルーストによる電子版『パンセ』のサイト（クレルモン大学・国立科学研究センター・フランス国立図書館）http://www.penseesdepascal.fr/ も紹介されている。

さて、フランスでも日本でも、パスカルの著書として広く読まれている『パンセ』であるが、パスカルが折々に書き留めた断章を大小さまざまの紙片に切り取って整理した草稿の綴り《リアス》として、本人の没後に発見された遺稿にすぎない。これらを解読し清書した二つの写本をもとに、断章の取捨選択や配列に関して様々な版が刊行されてきた。一六七〇年の初版であるポール・ロワイヤル版では、編纂者による加筆・抹消・大幅な語句変更などがあった。十九世紀半ば、より厳密なテクスト校訂を哲学者ヴィクトル・クーザンが呼びかけたことで本格的なパスカル研究が開始される。十九世紀末刊行のブランシュヴィック版は「現代の読者に理解される」ことをめざして主題別に断章の整理をおこない、その取りつきやすい断章配列によって二十世紀初頭以降最も流布した版となった。次に画期的だったのは二十世紀半ばのラフュマ版である。ラフュマは二つの写本にはパスカルが生前草稿の一部に与えていた配列（表題付きの二十七章）が反映されているとして、「第一写本」をもとに校訂をおこなった。さらにその後、ラフュマの仮説を支持しつつも両写本の比較検討により「第二写本」の方を底本として採用としたのがセリエ版であり、各版によって断章の番号は異なってくる。コンパニョンは、引用の際、セリエ版とラフュマ版の断章番号を併記しているが、本訳書においては、多くの邦訳でも親しまれてきたブランシュヴィック版と、コンパニョンが底本としているセリエ版の断章番号を併記することとした。『パンセ』の邦訳のなかで、現在入手しやすいものとして、ブランシュヴィック版による由木康訳（白水社イデー選書、一九九〇年）および前田陽一・由木康訳（中公クラシックス、二〇〇一年／中公文庫プレミアム、二〇一八年）、「第一写本」を底本としていてラフュマの配列とほぼ同じ塩川徹也訳（岩波文庫三巻本、二〇一五〜二〇一六年）がある。また、鹿島茂編訳『パスカル　パンセ抄』（飛鳥新社、二〇一二年）と併せて、鹿島氏が人気テレビ番組の案内役を務めた際のテクストをベースにした『ＮＨＫ「１００分de名著」ブックス　パスカル　パンセ』（ＮＨＫ出版、二〇一三年）という実にしゃれた案内本をお勧めしたい。時代や社会・文化の違いを越えて、『パンセ』が現代の「平均的日本人」にどう読まれうるか、仮想の具体例をつぶさに描き出し、書物の可能性を感じさせてくれる傑作である。

ところで、原著にはない本訳書の「『パンセ』入門」という副題は、これも同シリーズでモンテーニュを取り上げた邦訳の副題「『エセー』入門」に倣ったわけだが、モンテーニュの場合は、実際に何冊にも及ぶ長大な『エセー』の読み解きが中心になっていたのに対し、今回コンパニョンは、『パンセ』に加えて書簡体の論争書『プロヴァンシアル』や神学的考察を深める『恩寵文書』、その他多種多様なテクストを取り上げ、天才パスカルの全貌に迫らんとしている。日本の読者にとっては、おおらかなユマニスト・モンテーニュに比べ、とくにキリスト教の神学的要素の比重が大きいパスカルの思想や感性を理解するのはより難しいかもしれない。ただ脱キリスト教化の著しいフランスにおいても事情は似ており、コンパニオンは二〇二〇年六月のラジオ番組インタビューで「パスカルとひと夏過ごすなんて辛気臭くてどうかと思いますが、なぜパスカルなのですか」との質問を受け、前作「モンテーニュと過ごすひと夏」を気に入った人たちは絶対にパスカルも読むべきだ、両者は切り離せないのだと強調し、さらにコロナ禍で自宅に引きこもらざるを得ない今こそ、自分自身と向かい合い、人生の意味について考えるよい機会なのであって、「幸福の追求」をめざすパスカルは助けとなるだろうと回答していた。

モンテーニュとパスカルを合わせて読む、という発想はごく自然なのである。実は、『寝るまえ5分のモンテーニュ』の訳者である山上氏もまた、同じ形式でパスカルの『パンセ』を紹介しようと思い立たれ、なんとコンパニオンに先立って自著『パスカル『パンセ』を楽しむ　名句案内40章』（講談社学術文庫、二〇一六年）を刊行されたのだった。本書と重なるテーマも多いが、やはり想定される読者が異なるため、読み比べてみるとさらに理解が深まることと思う。山上版には日本の読者になじみの薄い「聖体の秘蹟」や「永遠の生命」などの丁寧な説明があり、またおそらくフランスのラジオ放送では触れにくかったであろう「ユダヤ人」のテーマも取り上げられている。数三角形や数式の提示、ポーム球戯の図版挿入なども読者には大変ありがたい。

コンパニオンの方は、フランス文学・思想について中等教育以上で学んでいるリスナーを相手に、ヴォルテール、シャトーブリアン、ボードレール、サント＝ブーヴ、プルースト、ヴァレリー、ジオノ、サロートといった懐かしい作家の名を挙げつつ、時代の心性の変化の流れをもパスカルを通して浮かび上がらせる。エピクロスやストア派といった古代哲学、アウグスティヌスやクザーヌスなどの神学の伝統、イエズス会とジャンセニストとの激しい神学論争にも踏み込み、十七世紀における様々な思想的対立の渦中にあって友なる自由思想家（不信仰者）に語りかけるパスカルの声を響かせる。幅広く多様な文書からパスカル的方法、パスカルのシステムを「弁証法」「相反するものの一致」として抽出し、パスカルの複雑な思想をわかりやすく端的に説明する手際の良さには驚くばかりである。「マルクス主義者たちの愛読するパスカル」の姿は、多くの読者には意外だったのではなかろうか。ともするとやや恣意的に楽観的な側面を強調しすぎる危うさもあるものの、「著者まえがき」で明らかにされる深刻な状況にありながら生み出された独自のユーモアが全編に通底している点もまた、本書の魅力である。

私たちの訳出作業の手順としては、まず北原が本書全体を訳した後、『パンセ』の引用に広田訳を入れ込み、二人で何度も話し合いながら修正を重ね、完成させていった。原著はラジオ番組での朗読を前提に、耳から聴くだけで理解しうるよう書かれているため注はほとんどないが、邦訳では、日本の読者には必要と思われる歴史的・宗教的・文学的背景の説明のため、時には詳しい訳注を入れた。また日本語版編集の『メナール版パスカル全集』の対応箇所を逐一記したのは、パスカルやジャクリーヌの肉声を通してドラマチックな魂の葛藤にじかに触れられ、それぞれの訳者の解説によって当時の状況を細部まで知ることができるからである。興味を持たれた方は、ぜひ全集も紐解いていただきたい。

とはいえ、まずは本書の原著にならって邦訳も、耳から聴いて分かる文章をめざし、語彙や表現を選択した。文体の天才パスカルの言葉が、日本語となっても耳に突き刺さる威力を失っていないことを祈る。『パンセ』の広田訳はメナール版全集の『パンセ』の巻が出る際にベースとなるはずのものだった。当時お世話になった元白水社編集の山本康さんに、そしてまた本書の刊行に際し、さまざまに助けて下さった現白水社編集の鈴木美登里さんに心より御礼申し上げる。

二〇二一年八月

広田昌義・北原ルミ

訳者略歴

広田昌義（ひろた・まさよし）
京都大学名誉教授
訳書
『メナール版 パスカル全集』第一・二巻（白水社、共編）、E・モロ＝シール『パスカルの形而上学』（人文書院）、クレマン・モワザン『文学史再考』（白水文庫クセジュ）、『モリエール全集』（臨川書店、共編）など。

北原ルミ（きたはら・るみ）
金城学院大学准教授
訳書
アリエット・アルメル『ビルキス、あるいはシバの女王への旅』（白水社）、コレット・ボーヌ『幻想のジャンヌ・ダルク 中世の想像力と社会』（昭和堂、共訳）など。

寝るまえ5分のパスカル「パンセ」入門

二〇二一年九月五日 印刷
二〇二一年九月二五日 発行

著者 アントワーヌ・コンパニョン
訳者 © 広田昌義 北原ルミ
発行者 及川直志
印刷所 株式会社三陽社
発行所 株式会社白水社
東京都千代田区神田小川町三の二四
電話 営業部〇三（三二九一）七八一一 編集部〇三（三二九一）七八二一
振替 〇〇一九〇-五-三三二二八 郵便番号 一〇一-〇〇五二
www.hakusuisha.co.jp
乱丁・落丁本は、送料小社負担にてお取り替えいたします。

誠製本株式会社

ISBN978-4-560-08910-1

Printed in Japan

パンセ

イデー選書

◆パスカル　由木康 訳

「哲学を軽蔑することこそ、真に哲学することである」

日本初の完訳、また名訳として定評のある記念碑的一冊。

解説・田中小実昌、解題・広田昌義

メナール版 パスカル全集 全6巻

◆赤木昭三、支倉崇晴、広田昌義、塩川徹也 日本語版編集

既刊　第一巻　生涯の軌跡Ⅰ（1623〜1655）

第二巻　生涯の軌跡Ⅱ（1655〜1662）

寝るまえ5分のモンテーニュ 「エセー」入門

◆アントワーヌ・コンパニョン　山上浩嗣、宮下志朗 訳

知識人の教養書として不動の地位を占める世界的名著『エセー』。味わい深いモンテーニュの言葉を豊富に引きながら、その大著のエッセンスを見事に凝縮した四〇章。本格派の入門書。